# NOSSA LIGAÇÃO COM AS ENERGIAS SUPERIORES

SARA MARRIOTT

# NOSSA LIGAÇÃO COM AS ENERGIAS SUPERIORES

EDITORA PENSAMENTO
SÃO PAULO

Título do original:

*The Link with the Higher Energies*

Copyright © Sara Marriott, 1988

| Edição | | Ano |
|---|---|---|
| 2-3-4-5-6-7-8-9 | | 90-91-92-93 |

Direitos reservados
EDITORA PENSAMENTO LTDA.
Rua Dr. Mário Vicente, 374 – 04270 – São Paulo, SP

*Impresso em nossas oficinas gráficas.*

*Dedicado a todos aqueles que abrem seus corações e mentes ao poder do amor que cura, à clareza da Luz e à Alegria do Espírito da Vida.*

# AGRADECIMENTOS

O amor, a inspiração e o apoio de muitas pessoas ajudaram-me a escrever este livro.

Meus agradecimentos a todos vocês que, individualmente e em *workshops*, apresentaram questões desafiantes e amorosamente me encorajaram.

Um especial agradecimento, com profunda apreciação, pela excelente tradução de: Regina Nogueira, Luíza Spagnuolo, Maria Raquel Santilli e Sônia Café, assim como pela cuidadosa revisão feita por Beatriz Borges Beleza, Paula Trigueirinho, Sônia Café e David. Grata estou, também, pela parte do livro datilografada por Beatriz e pelas ilustrações de David, do Centro de Nazaré.

Agradeço, do fundo do coração, a Maria Raquel Santilli, por seu inspirado prefácio.

Gostaria ainda de expressar minha estima e agradecer a Diaulas Riedel, meu editor, cujas excelentes publicações e amável acordo mantiveramme na verdade de meu compromisso.

Minha mais profunda gratidão ao Amor e Luz radiantes de meus Instrutores Internos em nível superior, ao Ser Iluminado e ao Mestre Majestoso, que, com sabedoria e imenso amor, me guiaram e desafiaram, freqüentemente clarificando as lições para mim.

Esses Instrutores são, na verdade, os verdadeiros autores deste livro.

*Sara Marriott*

# SUMÁRIO

Agradecimentos 6
Prefácio – Maria Raquel Santilli 9
Introdução – pela Autora 11

**Parte I** – JORNADA PARA NOVAS TERRAS E NÍVEIS

Capítulo 1 – Um Microcosmo da Aventura Total 17
Capítulo 2 – O Anjo da Guarda e o Elohim 21
Capítulo 3 – Um Compromisso – Nova Força e Liberdade 29
Capítulo 4 – Uma Aventura na Cura 36
Capítulo 5 – Primeiros Passos na Jornada 42
Capítulo 6 – Experiências Desafiadoras 50
Capítulo 7 – Confirmação e Treinamento Através de Sonhos 58

**Parte II** – PERÍODO DE TRANSIÇÃO: Guiada pelo Iluminado

Introdução 69
Capítulo 8 – Guiada em Sonho e Vigília 71
Capítulo 9 – O Templo e a Catedral de Luz 79
Capítulo 10 – O Desafio da Preparação 92
Capítulo 11 – Casa de Mistério e a Máscara que Usamos 105

**Parte III** – NO AZUL – NAVEGANDO SEM MAPA

Introdução 117
Capítulo 12 – Num Sonho, uma Nova Dimensão 118
Capítulo 13 – Uma Viagem na Consciência 121
Capítulo 14 – Um Majestoso Mestre Interior 133
Capítulo 15 – Como, Quando e Por que – A Descoberta 141
Capítulo 16 – Além dos Sonhos 152

Ao Ser Iluminado 168
Referências 169
Epílogo 173

# PREFÁCIO À EDIÇÃO BRASILEIRA

A vinda de Sara Marriott ao Brasil tem um sentido de alcance incomensurável na feitura do grande "tecido" energético que, cada vez com maior velocidade e eficácia, se incorpora ao processo de cura planetária, do qual todos os que se sentem incluídos na dedicatória deste livro são seus artesãos. Qualquer referência, aqui, sobre a importância de seu trabalho seria insuficiente e limitada, mas estou certa de que aqueles que já o conhecem ou que agora entrarão em contato com ele através da leitura de *Nossa Ligação com as Energias Superiores* podem sentir o poder do amor incondicional, da força de vontade e da alegria de viver. Sara é o exemplo vivo dessas e de outras qualidades que, segundo as experiências que partilha com seus leitores e companheiros de jornada, estão contidas nas potencialidades de cada um de nós como seres integrais que somos. Talvez a maior das lições que este livro nos traz seja a confirmação vivida de que o trabalho de conscientização é a varinha mágica que torna real as mais altas aspirações humanas aqui e agora.

No depoimento simples e pessoal aqui partilhado, nem tudo é instantâneo e indolor, mas cada dificuldade transmutada em benefício, partindo da compreensão e aceitação dos desafios que representa, constitui-se em mais uma peça do inestimável acervo das conquistas definitivas.

De modo bastante especial, me tocam os relatos dos momentos específicos de passagem de um ciclo para outro na história desta autora que colocou toda a sua existência a serviço do amor maior. O empenho no desapego e a disponibilidade para a mudança são, em si mesmos, a irradiação mais pura da energia que traz consigo a generosidade, a sabedoria e o espírito de cooperação de que tanto necessitamos. Vale a pena destacar a maneira com que as adversidades concretas encontradas no dia-a-dia, que vão desde a adaptação a condições climáticas e culturais totalmente diferentes até as dores físicas com que Sara se defrontou, foram geridas com a grandeza de sua atitude interna. Tudo ela inclui na totalidade de seu aprendizado e serviço, mostrando-nos a beleza da integração das energias superiores com cada situação experimentada, passo a passo, numa seqüência narrativa comparável à cinematográfica, fazendo de cada detalhe um fotograma.

Desta forma, seu estilo nos permite uma vivência não só mental e afetiva, mas também visual, de toda a sincronia dinâmica de sua viagem.

Neste momento, em que muitos de nós anseiam por, mais do que seguir acumulando conhecimentos, aprender a colocá-los em prática, no trato com as questões objetivas do cotidiano, a chegada de *Nossa Ligação com as Energias Superiores* com certeza não é aleatória, mas um presente espiritual sincronizado com o "elenco" de nossas necessidades prioritárias. Através das particularidades de um caminho individual, cada leitor poderá contactar valores e elementos universais, presentes na essência da nossa condição de seres cósmicos, identificando-os e incluindo-os na sua própria jornada.

O sentimento que prevalece em mim, neste exato instante, é o de uma imensa gratidão pela oportunidade que o trabalho com este livro me proporciona, cuja abrangência e qualidade ainda não consigo descrever mas que, definitivamente, foram decisivas no caminho do meu crescimento. Há dois pontos, entretanto, que eu gostaria de enfatizar: não estamos sós e a alegria está à nossa disposição, aconteça o que acontecer.

Boa viagem!

Maria Raquel Santilli
1987

Introdução

## A LIGAÇÃO

Poucas vezes a humanidade tem recebido tanta ajuda vinda das energias superiores como neste século, quando um grande poder universal está sendo revelado. Comecei a ter consciência disso através da visão de um magnificente Ser de Luz, precedida por seis meses de meditação e seguida por uma série de sonhos. Desde então, partindo de muitas fontes, descobri, senti e vi as provas convincentes deste acontecimento que está possibilitando um salto quântico especial na experiência evolutiva humana. Este novo e poderoso impulso que atinge a Terra transporta cada um de nós, dia a dia, primeiro imperceptível e depois mais rapidamente, consciente ou inconscientemente, na direção que estamos dando em nossas vidas.

Com a luz deste amanhecer, muitos despertam para o grande impulso cósmico no corpo etérico do planeta, enquanto o Guia Radiante da Humanidade aproxima de nós o Espírito da Vida, ajudando-nos a dar o grande passo à frente. Ninguém está excluído da maravilhosa oportunidade oferecida nesta aventura, mas muitos não estão de todo conscientes da escolha que têm diante de si. Felizmente, aqueles que começam a reconhecer e a reagir com clareza às energias universais que estão fluindo podem ajudar aos que procuram compreender o esplêndido potencial que se nos abre neste século.

Cada ano escolar tem um *curriculum*, e, se não for aprendido, o estudante não poderá se desenvolver plenamente nos estágios subseqüentes. O mesmo acontece conosco a cada etapa evolutiva. Qualquer deficiência no domínio da informação vital que cada estágio de vida nos oferece interferirá no sucesso do passo seguinte. Isto acontece ao nos movermos com a espiral ascendente iniciada há dois mil anos atrás, conforme o calendário mundial.

Quando reconheci a relatividade de todas as coisas na Terra, pude ver meu corpo como uma duplicata em miniatura do único vasto corpo da humanidade, despertando-me a consciência de que tudo o que fazemos afeta os pensamentos e sentimentos no corpo de todo o planeta. Esta percepção liberou-me de ser vítima da negatividade, da escuridão e do medo,

11

que atraem coisas similares até nós, como um íman. Isto ajudou-me ainda a reprogramar o meu computador interno com um enfoque mais positivo, substituindo velhos padrões por alegria, luz e uma reação feliz às pessoas, o que imprimiu mais beleza, claridade e graça à minha vida.

Milhões de pessoas respondem agora à virada na consciência e deixam a velha Era de Peixes, com toda a sua negatividade, ignorância e medo, e dirigem-se à Nova Era de Aquário, com sua clareza, sabedoria e a força transformadora do amor por todas as pessoas desta prodigiosa família na Terra. Isto também inspirou um amor pela consciência superior que clareia nossas vidas, traz o Espírito de Luz e Alegria, enviando ondas de energia mais intensa aos planos físico e material. À medida que nos sintonizamos com estas ondas, nossas vidas são transformadas. Isto acontecerá no ritmo em que formos nos desapegando dos centros inferiores da consciência e das ilusões que nos separam da verdade procurada.

Quando abrimos nossos corações e mentes à luz e alegria da nossa Supraconsciência, permitimos aos que nos iluminam e guiam penetrarem nossa compreensão limitada e nossas barreiras interiores, ajudando-nos a reconhecer nosso objetivo e a aceitar a própria realidade. Assim, fazemos a ligação com as energias superiores, para uma vida realizada, equilibrada, de segurança interior e clareza, de amor e serviço. Desta forma nos preparamos para um trabalho muito mais belo e cheio de sentido, que nos é reservado à medida que fortalecemos esta ligação dentro da consciência.

Certa manhã, quando pensava haver completado este livro, uma questão surgiu durante a meditação: "Qual é o dom mais importante que você pode oferecer através da LIGAÇÃO?" Pensei por um momento e, em seguida, num estilo tipicamente ianque, respondi com outra pergunta: "Será que estou deixando de ver algo importante?" Martreb, meu Instrutor Interno naquele momento, disse: "Deixe as coisas claras através de exemplos, pois cada pessoa está vivendo e agindo em todos os quatro níveis de sua consciência ao mesmo tempo, embora a maioria não se aperceba do trabalho que está sendo feito nos níveis superiores e na subconsciência".

Descobri, então, que não se passa um dia sem que alguma bela sincronia venha mostrar a interligação que acontece no nível da alma, trazendo pessoas e abundância às nossas vidas. Decidi incluir mais da realidade deste dom na segunda parte do livro.

Não encontrei grandes diferenças nas lições interiores, quer viessem através de sonhos, quer num momento de quietude ou meditação. Encontrome vivendo a experiência, por vezes com uma clareza que é vívida e notável, mas, se aquilo que está para ser revelado encontra uma barreira interna ou um filtro de minha mente limitada, a mensagem pode se tornar obscura.

A clareza depende de quão pronta estou para aceitar um novo enfoque ou alguma mudança que é exigida.

Certa vez perguntaram-me:

"O que torna esta experiência semelhante a sonho tão real para você?"

Minha resposta espontânea foi: "Invoquei ajuda. Peça e receberá".

"O que você quer dizer com 'invoquei'?"

"No meu entendimento, invocar é um convite àqueles a quem apelo para que me ajudem, protejam e guiem, instruindo-me com clareza. É abrir minha mente e meu coração tanto quanto possível à Vontade Superior, permitindo o alinhamento do meu livre-arbítrio. Minha gratidão é imensa pela ajuda que tenho recebido para sair do pântano da ignorância e do medo, indo em direção aos centros superiores da consciência, nos quais egoísmo, atitudes e reações negativas são desconhecidos. A abundância e visão mais ampla revelam a beleza, a graça e a sabedoria que estão disponíveis a todos nós.

"Tenho tido melhor compreensão de minha própria experiência todas as vezes que meus Instrutores Internos chamam a minha atenção para pensamentos e livros que confirmam claramente lições interiores, ajudando-me a ver sua realidade e dando-me coragem para colocá-las em prática, a cada dia. É verdade que ler sobre alguma coisa é muito diferente de experimentá-la em sua própria vida; no entanto, enquanto lê, você pode sentir um eco em sua consciência no qual alguma experiência passada é mais bem compreendida ou um sonho é confirmado. Até mesmo nisto existe uma guiança, interligando as almas, que traz à sua atenção exatamente o livro certo no momento em que dele necessitar.

"Durante os anos nos quais estava vivendo as experiências que são 'telescopadas' neste livro, foi-me dada maravilhosa ajuda, partindo de muitas fontes. Na seção de Referências, no final do livro, anotei alguns dos títulos cujos autores, através de seu conhecimento e experiência, me encorajaram a reconhecer e compreender mais completamente alguns dos passos de minha Jornada Interior. Esses livros estão indicados por um número na seção de Referências, dando a página e incluindo notas e *insights* de especial importância que o livro teve em meu processo.

"Os potenciais ilimitados estão escondidos na semente ou essência de nosso ser, esperando um reconhecimento e permissão para crescer, ao mesmo tempo que revelam seu mistério na beleza, inspiração e ação viva, abrindo o caminho para a nossa realidade maior. Nesta época de despertar auto-iniciado, quando respondemos com boa vontade à grandeza da vida, o Grande Espírito da Criação sorri para nós.

"Muitas coisas interessantes aconteceram enquanto escrevi este livro, que mostraram a sincronia em nossas vidas e a interligação de almas no desenvolvimento de um plano para o progresso, cuidadosamente dirigido a partir de um nível mais elevado. Um desses incidentes ocorreu com relação ao Ser Elemental do Reino da Natureza, enquanto experimentava essa energia em minha meditação. Decidi que, uma vez que pouco se conhece desse poder em nossas vidas, deveria suprimir essa parte do livro, e, ao rever as páginas, fui marcando com um lápis a parte a ser cortada. Uma hora mais tarde apanhei um livro que estivera lendo, e, na página seguinte, havia uma explicação do Elemental que controla o subconsciente em nossas vidas na Terra. Isto foi imediatamente confirmado numa biografia que um amigo lia nessa ocasião. Uma voz interior disse: "Não retire isso do livro, pois é o maior poder de transformação na Terra". Imediatamente reparei meu erro e logo senti a realidade de uma confirmação interior."

Em meio às lições interiores havia algumas, tais como esta, que foram confirmadas muitas vezes. Meu Instrutor Interno disse: "É importante que você compreenda e aceite a verdade simples de que todas as pessoas estão exatamente no lugar certo para seu desenvolvimento nesta época, e lutar para que atinjam um outro estágio antes que estejam prontas traz uma ilusão. A ajuda e aceitação maiores chegam quando as pessoas são inspiradas a encontrar dentro de si mesmas seu próximo passo e potencialidades. Ler pode ajudar, mas elas devem saber que o progresso só pode vir através da prática de cada lição, até que esta se torne parte de suas vidas. Ver e ouvir a respeito do diamante na realidade não o lapida, faceta por faceta, tampouco revela o método, as ferramentas e as técnicas para fazê-lo. Paciência, fé e amor são necessários, assim como a alegria que vem com a lapidação de cada faceta".

Partilho um pouco da minha própria experiência neste livro, esperando que seja uma inspiração àqueles que sentem um impulso profundo e interno de busca da realidade que traz completa alegria de viver e de servir com maior liberdade e luz espiritual. Que ele lhe possa dar, leitor, a coragem para se adiantar mais confiantemente em sua própria jornada interior, nunca olhando para trás, à medida que sintoniza com os níveis superiores da consciência e com as energias universais que estão disponíveis a todos nós.

*PARTE I*

## JORNADA PARA NOVAS TERRAS E NÍVEIS

Capítulo 1

## UM MICROCOSMO DA AVENTURA TOTAL

Descíamos apressados a longa rampa para pegar o trem; dois seres muito queridos me acompanhavam e praticamente me puxavam ao longo da descida. Um deles era uma bela criança que se agarrava à minha mão sem querer deixar-me partir; de um modo muito estranho, ela era uma ligação entre mim e a alta figura vestida de branco que segurava sua outra mão. Através da ligação que ela criava entre nós, senti um grande amor e sabedoria vindos daquele homem calmo e imponente que tinha toda a certeza de que eu alcançaria o trem.

Chegando à plataforma onde o trem esperava, o homem disse: "Colocaremos suas malas no compartimento; porém, é uma longa viagem e você deve comprar seus tíquetes para as refeições antecipadamente". Ele indicou um balcão perto. "Depressa", disse, "está na hora de o trem partir."

Não havia ninguém mais no balcão; assim, comprei rapidamente meus tíquetes e corri de volta ao trem. No momento em que cheguei ao último vagão, o trem deu um solavanco como se estivesse pronto para partir. Vi, um pouco mais adiante, meus dois companheiros apontando para o meu carro, e o homem me fez sinal para que embarcasse. Pulei para dentro do segundo vagão e fiquei acenando para eles. O homem segurava a criança ao meu alcance, de forma que pude tocar-lhe a mão, enquanto o trem partia.

Compreendi que deveria seguir sozinha aquela viagem, porém sabia, quando olhei nos olhos do homem, que a irradiação de amor e sabedoria aí expressa estaria sempre em minha mente e em meu coração, não importava o que estivesse à minha frente. Dei uma rápida olhada no interior do carro, e, quando me voltei novamente para a plataforma, constatei, com espanto, que lá não havia mais ninguém.

Confusa, acordei e descobri que estivera sonhando. A experiência do sonho estava muito clara em minha mente; depois de fazer algumas anotações e refletir um pouco, voltei a dormir.

Quase que imediatamente o sonho continuou. Enquanto caminhava em direção ao meu compartimento, cheguei ao vagão das bagagens, onde um guarda me fez passar para o seguinte, quando meu caminho foi bloqueado. Pensava ansiosamente no que fazer, até que o guarda, que estava sentado num nicho perto da porta, veio ter comigo. Explicou-me, então, que aquele era o carro do correio, no qual ninguém tinha permissão para entrar, mas garantiu-me que logo pararíamos num cruzamento para deixar passar um trem expresso; ali ele desceria comigo, acompanhando-me até o vagão seguinte, que era o do restaurante.

Enquanto esperávamos, ele me deixou sentar em sua cadeira; de pé, ao meu lado, aconselhou-me a ir diretamente ao meu compartimento, conferir minhas malas e aguardar até que o inspetor viesse picotar minha passagem; em seguida, poderia voltar ao carro-restaurante para a refeição da noite. Pouco depois o trem parou e fizemos a mudança.

Atravessei o trem para encontrar meu compartimento, que era o número sete do carro doze. Lá encontrei a cama feita, minha mala grande embaixo dela, e minha maleta numa prateleira, de maneira que o leito inferior era meu. Fiquei surpresa ao ver que era mais largo do que o usual. Olhei para cima e descobri, bem no alto, outro leito, com a forma de um domo acompanhando a linha do teto. Podia enxergar apenas a sua borda, de onde pendiam lençóis delicadamente estampados e um cobertor branco e macio. Queria subir para vê-lo melhor, mas não havia escada. Tive, então, consciência de que em algum ponto da viagem teria um companheiro muito especial.

Sentei-me na cama para esperar. Quando verifiquei minha passagem, fiquei desapontada ao notar que não mostrava o destino. Não consegui lembrar para onde estávamos indo em velocidade tão grande. Esperei que houvesse alguma pista nos tíquetes de refeições, de modo que abri o envelope. Dentro encontrei um maço de cartões do tamanho de cartas de baralho, unidos por um dos lados. Não pareciam ser para uma refeição normal, mas, de uma forma misteriosa, sugeriam uma viagem exótica.

Quando o inspetor finalmente chegou, perguntei-lhe ansiosamente quem viajava comigo, qual era nosso destino e quando chegaríamos. Ele picotou minha passagem em silêncio, sorriu e disse: "Você está saindo para uma grande viagem, e ela conterá muitas aventuras". Sem dizer mais nada, ele saiu. Acordei sobressaltada.

Sabia que não havia necessidade de anotar este·sonho, pois permanecia claro em minha mente e em meu coração, com um pressentimento de destino. Embora não o tivesse visto, estava certa de que o maquinista, que controlava a velocidade do trem, seria uma parte muito importante de minha vida. Ele sabia exatamente onde essa viagem me levava, e, de sua avançada posição no trem, ele me guiava. Eu tinha a sensação de que ele era o Iluminado, que me aparecera pela primeira vez anos antes, numa visão. Naquela época eu vira também a figura radiante do meu Anjo da Guarda e fora levada para dentro da aura do meu Eu Superior, a parte supraconsciente do meu ser.

Nos dias que se seguiram a essa visão de sonhos, tive consciência da presença invisível daqueles seres radiantes me guiando e encorajando. Minha ligação mais estreita fora com o meu Eu Superior, que me guiava e desafiava nos períodos de quietude a cada manhã, até que estivesse pronta para abandonar muitas de minhas ilusões e limitações de personalidade. Ele me ajudou então no preparo para o trabalho com ele, dentro de sua aura, que veio a configurar-se em minha meditação como o Templo da Totalidade (essa experiência é contada em meu livro *From the Center* – Uma Jornada Interior, Editora Pensamento).

Todas as vezes que pensava no sonho misterioso lembrava-me do aperto de mão da criança e de seus olhos ansiosos cheios de adoração, e do poder que chegava através da pequena mão ligando-me com a radiante figura de branco. Descobri que era essa ligação que tinha importância vital. Ela me deu o título deste livro, e me guiaria numa viagem maravilhosa para uma nova terra e para a descoberta de uma conexão ainda mais elevada.

O fluir de energia que chegava a mim através de meus dois companheiros no sonho aflorava muitas vezes à minha consciência como um toque suave e muito além de minha capacidade de compreender o seu significado. Gradualmente, isso me conduzia através dos testes da dor e das glórias da alegria, até a compreensão de que criamos nossas vidas e atraímos o que precisamos clarear, ouvir ou transmutar, enquanto progredimos das limitações do medo para a liberdade que nos pertence, através do dom do amor eterno. Sinto que muitos de nós podem compreender essa experiência como a Presença Eterna do Cristo ou o ilimitado amor de Deus, nosso Pai Celestial, o Grande Espírito e Fonte de Vida.

No dia seguinte ao do sonho, um amigo muito versado em conhecimento esotérico deu-me uma interpretação. A criança, o subconsciente, e a majestosa figura alta, minha supraconsciência, não mais estavam na plataforma porque se haviam integrado dentro de meu ser e viajavam comigo, embora eu não tivesse consciência disso. Minha supraconsciência sabia que eu chegaria a tempo da iniciação seguinte, e que eu devia comprar meus tíquetes de refeição, símbolos de crédito cármico, que me permitiriam seguir em frente. O guarda do vagão postal, o guardião dos arquivos cármicos, não me permitira vê-los, pois meu ser consciente ainda não estava pronto para isso, o que poderia danificar meu progresso espiritual, gerando medo e resistência. Minha passagem não mostrava o destino, o qual, está claro, o condutor conhecia mas não me revelaria; portanto, ele só podia me tranqüilizar. De fato, eu deveria ter um companheiro de viagem muito especial, um aspecto mais elevado de mim mesma, ainda desconhecido de mim, mas cuja identidade me seria esclarecida no futuro.

Havia algo misterioso forçando-me a tomar consciência a respeito daquele que ocuparia a cama superior no meu sonho. Certa manhã, durante a meditação, pedi para compreender o enigma e descobri uma recordação distante, chamando minha atenção para uma cena de mais de 40 anos atrás.

Estava de pé ao lado do berço de meu filho, que tinha menos de três anos naquela época. Ele havia acabado de acordar depois de um cochilo à tarde e me chamava. Antes que eu pudesse retirá-lo do berço, surpreendeu-me perguntando diretamente: "Mamãe, de onde eu vim?"

Sendo o mais clara possível, comecei por dizer: "Você cresceu dentro do meu corpo, embaixo do meu coração..." e, em seguida, hesitei, pois percebi uma radiância incomum à sua volta. Ele olhou para mim com seus olhos de um azul muito claro e disse: "Sou um belo Espírito que veio para estar com você." Saudei a esse precioso Espírito com amor e reverência. Um inegável conhecimento interior deixou claro que ele acabara de retornar de um lugar de grande beleza e tentava explicar sua experiência para minha mente limitada. Isso aconteceu muito antes de eu me tornar consciente do fato de que somos um Glorioso Espírito de Vida, usando nossos corpos, com suas limitações, como veículos de expressão e trabalho no plano terrestre.

Capítulo 2

# O ANJO DA GUARDA E O ELOHIM

A cada manhã, na meditação, meu Anjo da Guarda estava comigo, dando-me apoio e, às vezes, oferecendo-me orientação. Quando me lembrava desses períodos de profundo silêncio, percebia que, simbolicamente, ele era o condutor do trem em meu sonho e que me daria uma grande ajuda nesta nova viagem. Senti que estava perto de uma mudança na consciência e imaginava como poderia preparar-me melhor para ela.

Uma manhã, aproximei-me do Templo, na meditação, à procura de meu Anjo da Guarda, esperando que ele pudesse me ajudar, pois, no mais profundo de mim mesma, ansiava por entender para onde esta nova viagem estava me levando. Encontrei-o na tranqüilidade dos jardins que cercavam o Templo, e, quando o alcancei, fui envolvida pela paz e pela força interior emanadas através do seu silêncio. A princípio, sua mensagem foi breve: "Para descobrir o destino desta viagem, você deve procurar o Espírito da Vida dentro dos níveis de sua própria consciência".

Seguiu-se então um longo silêncio, e ele continuou a lembrar-me que anteriormente eu abrira a ligação para um novo nível de consciência. "Você viu esta realidade de seu Eu Superior como um Templo magnificente de energias que curam. Gradualmente as dúvidas e resistências de sua mente pensante deram lugar à aceitação, e o Templo se tornou para você uma experiência real. Os passos necessários para uma consciência mais elevada devem ser dados no momento e seqüência adequados ao seu estágio de desenvolvimento. A primeira viagem para atingir o Templo da Totalidade era necessária antes que pudesse começar a segunda. Quando você compreende uma ligação, terá a chave para todas as outras, pois cada uma reflete a que está imediatamente acima.

Sentamo-nos novamente em silêncio, permeados pelas energias renovadoras daqueles jardins, quando ele acrescentou: "Podemos ajudá-la em qualquer coisa que esteja pronta para aceitar e executar; qualquer compromisso que esteja disposta a assumir. Desse seu nível de consciência você pouco se apercebe da ajuda que está à sua disposição." Tentei calmamente absorver isto. E ele continuou: "Ajudamos você a tomar consciência de um grupo de almas num plano superior, do qual você é um membro. Quando você estiver preparada para que mais lhe seja revelado, elas se alegrarão e a cercarão com seu amor, enquanto esperam pelo seu progresso, para que aprenda a cooperar mais completamente. Seu apoio ajudará a sustentá-la através dos testes que virão, pois o trabalho que você está fazendo nesse mundo tridimensional também é de ajuda para o Grupo em seu próprio progresso. É minha tarefa ajudá-la nesta viagem".

Em alguma parte, no mais profundo de mim mesma, estava impressa a sensação de saber que, quando estabelecemos a ligação com as energias superiores, cada um de nós fica em contato com um grupo ao qual pertence nossa alma. Neste ponto meus pensamentos começaram a se intrometer e o período de quietude acabou.

Durante o dia as idéias vinham como *flashes* ininterruptos em minha mente. Pensei novamente no sonho, e vi que a ligação entre os níveis de consciência se tornava mais real. Comecei a compreender que a personalidade e a alma estavam mais integradas nesta nova viagem na qual eu procurava um aspecto mais elevado de mim mesma. Embora a mensagem de meu Anjo da Guarda fosse mais um desafio do que uma ajuda, sabia que devia aceitar este ensinamento pelo qual pedira tão sinceramente. Com sua imponente sabedoria, meu Anjo da Guarda parecia muito distante, e, embora soubesse que estava sempre pronto a me ajudar, desejava que fosse mais acessível, de modo que pudesse me relacionar com ele de uma maneira mais efetiva.

Naquela noite eu estava sentada num lugar privilegiado, numa bela encosta de colina, e me deleitava com a beleza do pôr-do-sol, quando ouvi uma voz interior dizer: "Você, na verdade, nunca invocou seu Anjo da Guarda. Assumir sua existência simplesmente não é a maneira de tornar sua presença uma experiência real e profunda".

Pensei nisso durante toda aquela noite, e um pouco antes de dormir pedi ajuda para experimentar a presença de meu Anjo da Guarda tanto no meu coração como em minha mente. A resposta veio neste sonho em que eu estava num cinema em Nova York: estava sozinha, sentada perto do fundo, assistindo a *My Dinner with André*. Num dado momento fiquei espantada ao sentir que meu casaco, jogado nas minhas costas, estava sendo retirado. A princípio, enquanto olhava da tela clara para trás, não pude ver ninguém. Segurei meu casaco firmemente, pois quem quer que estivesse puxando era extremamente forte. À medida que meus olhos se acostumavam com a semi-obscuridade, vi uma criança pequena ou talvez um anão, e sussurrei: "Não, você não pode levar meu casaco, é a única coisa quente que tenho nesta viagem". Finalmente me levantei e puxei o casaco com toda a força, arrastando para perto do assento um pirralho que esperneava. Eu o apanhara pela parte de trás das roupas e me encaminhava para procurar o gerente do cinema, quando acordei. Este estranho sonho não tinha, aparentemente, nenhuma relação com o que estava acontecendo em minha vida.

Não encontrei nenhuma pista para o mistério, em meu momento de quietude matinal; assim, à noite, pedi ajuda para compreendê-lo. A única resposta veio em outro sonho. Desta vez eu atravessava o Atlântico no navio "Isle de France", com meu marido, Bert. Em nossa cabine havia três camas e parecia haver outro ocupante, embora não víssemos quem fosse. Deixamos a cabine para andar no deque, onde nos sentamos em duas espreguiçadeiras. Peguei minha caneta para anotar algumas observações e coloquei a bolsa ao meu lado. Mais tarde, quando a procurei, ela não estava mais ali, onde eu a colocara tão cuidadosamente. Surpresa, perguntei a Bert se a havia apanhado.

"Provavelmente você a esqueceu na cabine. Vou buscá-la para você", disse ele. Antes que eu pudesse protestar, ele se fora, mas voltou imediatamente com uma tira de papel na mão, que disse ter encontrado na porta. Era um pedido para que fosse ao escritório do comissário de bordo; ali, através de uma janela, vi minha bolsa em sua escrivaninha. Espantada, perguntei: "De que modo minha bolsa veio parar aqui?" Ele disse que um dos garçons do deque vira uma criança arrastando-a por ali e agindo como se fosse atirá-la por cima da amurada. Assim, ele tomou a bolsa da criança, trouxe-a para dentro e mandou-me o recado.

Agradecendo-lhe, atônita, peguei a bolsa e logo senti um cutucão. Olhei para baixo e vi uma bela criança olhando para mim com um sorriso radiante. Um impulso poderoso atingiu-me naquele instante e ouvi uma voz interior dizer: "A única maneira de você poder lidar com este pequenino é amando-o totalmente". Senti uma energia interior expandir-se em mim, fazendo-me amar totalmente aquela criancinha. Sua reação foi deliciosa e, olhando para cima, ela me pediu que lhe contasse uma história. Muito atenta, ela segurou minha mão e tive a consciência de que prender sua atenção era vital para meu treinamento. Encontramos um lugar confortável para sentar e, quando comecei a contar a história, acordei.

Naquela manhã, na hora da meditação, meu Anjo da Guarda veio ao meu encontro com um esplendor especial. Senti a calidez de seu amor quando disse: "Você aprendeu a lidar com o pequenino". Em minha curiosidade, perguntei: "Quem é ela? Quem é essa criança?"

Sua curta resposta foi tão reveladora que fez minha mente rodopiar. Enquanto me olhava de uma altura maior, ele disse simplesmente: "ENTÃO? VOCÊ QUER QUE LHE CONTE UMA HISTÓRIA?" Eu ofeguei: "Oh! Eu sou este diabinho! Tentarei ser o melhor possível". Agora, o amor e a comunicação entre nós era real e confortante. Sentia-me segura e pronta para ir adiante com meu Anjo da Guarda, meu sábio Instrutor Interno, e para aceitar tudo o que tivesse a me revelar.

Ele me guiou para um ponto tranqüilo no belo jardim do Templo. Ficamos confortavelmente silenciosos por algum tempo e então ele disse: "Sim, vou contar-lhe uma história, como freqüentemente fazem aqueles que velam sobre a humanidade e ajudam em seu progresso.

"Antes que a Terra fosse criada, um nascimento extraordinário aconteceu. Assim como os trilhões de células que compõem o seu corpo vieram de uma única célula, da mesma forma aconteceu a evolução do corpo magnífico do Grande Espírito Cósmico quando enviou para fora duas partes de Si Mesmo — matéria e espírito —, que se combinaram e através de longuíssimos espaços de tempo criaram as galáxias com seus sistemas solares e planetas. Finalmente os seres humanos chegaram à Terra e foram dotados com a chama da consciência. Toda a vida no Cosmos, assim como nos corpos humanos, está em ação rítmica, desenvolvendo-se em ciclos. São células, átomos ou centelhas daquele Grande e Único Corpo, membros de uma aventurosa família vinda do imenso Sol Central, nossa verdadeira casa.

"Aqueles membros da majestosa família que desejaram permanecer nos níveis superiores e continuar o seu trabalho inspirado ficaram conhecidos como seres do Reino Angélico. Os que se transformariam nos criadores da forma e de corpos onde os seres humanos pudessem viver pertenceriam ao Reino Natural-Elemental. Houve, ainda, aqueles que escolheram prosseguir adiante como os seres de um terceiro reino, o Reino Humano, para experienciar a vida e desenvolver habilidades criativas, reunindo tesouros que pudessem ser levados de volta à casa de onde procederam.

"Todos os Seres Angélicos servem a Deus através da radiação, e cada um incorpora uma qualidade especial ou sentimento positivo, dentre as muitas expressões da divindade. Os seres humanos, diferentemente dos anjos, foram planejados para ter uma natureza multiforme.

"Na trajetória cíclica e evolutiva da Terra, houve um momento de virada na evolução, quando foi dado ao homem o dom do livre-arbítrio. Até aquele ponto, os que estavam guiando cada ser humano em evolução haviam dirigido as energias criativas mais ou menos do mesmo modo como uma planta é formada ou como a criança no útero materno. A partir daí, o desenvolvimento da humanidade não mais se fazia de forma automática: junto com o livre-arbítrio foi-lhe dada a responsabilidade de seu próprio progresso, enquanto gradualmente aprendia a usar suas habilidades criativas.

"Um grande dom foi concedido a todos que tiveram o privilégio de nascer na Terra. Dois Seres altamente evoluídos apresentaram-se voluntariamente para vir e estar com cada um, dando-lhes ajuda particular e pessoal, até que estivessem suficientemente desenvolvidos e capacitados a voltar à fonte da qual vieram. Um desses seres pertence ao Reino Angélico, o Anjo da Guarda, que com sábio e amoroso cuidado guia a pessoa a seu encargo. O outro veio do Reino Natural-Elemental, para guiar a criação dos corpos em constante mutação, dentro dos quais cada pessoa vive os ciclos de seu tempo na Terra. Nesse trabalho ele cuida do subconsciente do indivíduo, para que haja registro de tudo o que ele cria.

"O respeito ao livre-arbítrio do homem é um princípio espiritual; portanto, um Anjo da Guarda não pode impor-se ou dirigir uma pessoa até que ela lhe abra o caminho e queira ser ajudada. Ainda assim, NÓS QUE TEMOS ESTADO COM VOCÊ DURANTE ÉONS DE TEMPO tentamos de todos os modos possíveis chamar sua atenção para tudo aquilo que lhe for melhor. À medida que você aprender a cooperar conosco, receberá maior ajuda em sua jornada."

Quando a história acabou, exclamei: "Dois Grandes Seres – de Dois Reinos!" Estava espantada por nunca ter sabido acerca do segundo, que controlava e guiava o subconsciente e todos os sistemas automáticos em meu corpo. Na manhã seguinte, entrei em quietude, ansiosa por saber mais a respeito desta força orientadora em minha vida. Descansei na beleza e paz da meditação e pouco a pouco percebi uma suave luz brilhante. Das profundezas de meu ser, veio-me a seguinte mensagem: "Esta é a primeira vez que você me reconhece. Trago-lhe contato com faixas de energia que estão além da consciência, mas que afetam grandemente sua vida e a do planeta Terra. Elas contêm um elemento de poder"... ZING... De repente, a luz elétrica se apagou e fui mergulhada em total escuridão. Fiquei estarrecida por alguns segundos. Em seguida, a mensagem continuou: "Você se encontra na escuridão, mas a madrugada está rompendo". Houve uma pausa, como que para eu saber se estava pronta, e então suavemente a voz prosseguiu: "Todos estes anos você não compreendeu as energias à sua volta, tendo dado a seu Eu Superior o crédito por todo o meu trabalho no guiar aquele que você chama seu Eu Básico, o administrador do subconsciente e sustentáculo das energias dentro do corpo no qual você vive".

Ele parou abruptamente. Intrigada, imaginei se fora porque eu me afastara surpresa. Realmente, eu dera ao meu Eu Superior o crédito por toda a sabedoria que estivera guiando a parte subconsciente de meu ser em níveis que só agora começava a compreender. Minha mente reviu como um relâmpago a multiplicidade de atividades desse nível subconsciente. Ficou claro, então, que o mais importante em administrar o corpo no qual vivo é guardar a ligação intuitiva com meu Eu Superior ou alma, através do qual irradiam-se as energias mais elevadas que trazem luz, fé, amor e alegria à minha vida e ao meu trabalho.

Fiquei sentada tranqüilamente por algum tempo enquanto as energias à minha volta se tornavam mais fortes. Voltando à meditação, entrei no jardim do Templo onde meu Anjo da Guarda pacientemente esperava. A princípio, senti um pouco de embaraço por ter tido tanta falta de compreensão. Ficamos sentados em silêncio, até que me acalmei em seu amor de cura. Então ele explicou: "Sua cooperação é essencial para a saúde e força, vitais em seu presente estágio de desenvolvimento, e para a tarefa à sua frente. Nem por um momento você poderia viver sem o trabalho incessante deste seu fiel parceiro interior. Ele é a parte de seu ser mais próxima dos anjos, pois segue ordens e está totalmente entregue a seu trabalho, sem nenhum pensamento próprio que atrapalhe o caminho. Os anjos são dirigidos divinamente, ao passo que seu Eu Básico está aberto a seus próprios pensamentos e à menor distração. Ele recebe a impressão clara do padrão da alma, as energias renovadoras de cura e o impulso criador, sob a guiança do Ser altamente evoluído que se ofereceu para vir à Terra com você. É Ele que sempre guiará os corpos que se trocarão e dos quais você precisa como veículo na sua viagem, até que aprenda a viver em reinos mais elevados".

Pensamentos sobre o Ser Elemental começaram a povoar a minha mente. Fazia conjecturas sobre se ele viria novamente, e, se assim fosse, resolvi que lhe agradeceria por toda a sua ajuda e trabalho criativo, e pediria desculpas por minha falta de compreensão. Pensamentos continuavam a adejar na orla de minha mente. Era estranho tomar consciência de que aqueles dois grandes Seres haviam estado comigo, ajudando-me através de toda esta jornada terrestre. Sentia-se muito insignificante ao pensar neles, mas, ao mesmo tempo, estava cheia de gratidão e respeito. Como me via este Ser Elemental que estivera guiando meu Eu Básico através de todos os tempos difíceis que poderiam ter sido uma feliz aventura de cooperação? Por que, em todos estes anos, eu ignorara este ser criativo? A pergunta quase desaparecera de minha mente quando meu Anjo de Guarda tomou-a com sua habitual sabedoria e visão interior.

Sua primeira observação tinha uma ponta de humor quando disse: "Estava muito abaixo de sua dignidade considerar o que quer que fosse que não estivesse no mais elevado". Ele fez uma pausa, então continuou: "Mas isto era necessário, pois você tinha de dar atenção total a tudo o que a atraísse para o contato com sua alma. Você tinha necessidade de se sentir segura dentro de uma realidade mais elevada, antes que pudesse abandonar com segurança os conceitos de limitação, as ligações e falsas crenças às quais estivera apegada. Assim que você pôde se comprometer com o caminho mais elevado, tornou-se necessário abandonar a limitação atual, pois você não progrediria agarrando-se às duas muletas ao mesmo tempo. Ao dar sua total atenção ao mais alto, você nos abriu o caminho para trazer as energias superiores para cada momento consciente da vida. Você encontrará seu coração, mente e corpo elucidados e purificados durante este processo".

Em seguida a esta experiência, ansiava por um dia de tranqüilidade. Havia muitos desafios e necessitava de tempo para trabalhar neles. Começara a reconhecer a ajuda que estava recebendo através de sonhos, que eram meu laço mais forte com o nível da alma. Descobri ser capaz de lembrar-me mais facilmente daqueles sonhos pelos quais meus Instrutores Internos introduziam as verdadeiras lições em minha consciência. Freqüentemente era algo que no estado de vigília minha resistência não me permitiria reconhecer.

Pensei nos dois sonhos sobre a criancinha e, enquanto tentava encontrar seu sentido mais profundo, vi que eles revelavam etapas difíceis de minha vida. Nos anos anteriores eu resistira às tentativas de ajuda de meus Instrutores Internos; como aquela criança, eu me apegara ao meu livre-arbítrio num esforço para ser independente, e, ao mesmo tempo, era atraída por aqueles que podiam me ajudar. No segundo sonho, tal qual a criança, eu olhava para cima e esperava pela história que me traria uma compreensão mais completa da vida. Eu necessitava da inspiração e do amor desses Instrutores Internos para prenderem minha atenção nos momentos de quietude e me darem uma nova vitalidade e objetivo na vida cotidiana.

O que me deixava perplexa nos sonhos era a tendência da criança para tirar-me algo a que eu dava valor. O que estaria eu tentando tomar, e de quem? Esta era uma pergunta desafiadora que voltava de vez em quando, até que tive consciência de não estar pondo inteiramente em prática os ensinamentos que me eram dados nas manhãs de meditação. Eu aceitava essa ajuda ao mesmo tempo em que quase a atirava por sobre a amurada.

Naquele dia tomei a importante decisão de pôr em prática os ensinamentos verdadeiros, não importando a dor que sofreria ao abandonar velhos padrões para transmutar dívidas cármicas. À medida que percebia como era longo este processo, camada após camada de ilusões e negatividade iam sendo retiradas pelas energias superiores. Era desanimador, contudo, descobrir raízes tão profundamente escondidas e que teriam de ser extirpadas para sentir-me livre. Somente assim poderia prosseguir em minha jornada.

Certa manhã, em meditação, senti preocupação por estar progredindo tão lentamente. Vagueei pelos jardins do Templo até que cheguei a meu pagode favorito ao lado de um lindo lago. Ali, inteiramente natural nesse ambiente, encontrei o suave fluxo do Ser Elemental, que devia ter captado meu pensamento, pois sua mensagem era uma resposta clara à minha preocupação: "Em meu reino, tudo aquilo que é criado segue fielmente padrões precisos. Assim é com uma rosa em cada estágio de seu crescimento: quando em botão, abrindo suas pétalas ou inteiramente aberta. Em seu esplendor silencioso, ela abre suas pétalas para partilhar beleza e fragrância com todos indistintamente e não pede nada em troca. Você pode sentir que seu progresso é lento, mas se comparar seu atual estágio com o que corresponde ao botão da flor reconhecerá que já está se abrindo para um nível superior de consciência e perto de compreender mais claramente o que a próxima era reserva à humanidade".

Fiquei sentada imaginando por que uma planta é tão perfeita enquanto nós humanos temos de lutar tão duramente pelo nosso desenvolvimento. Neste ponto descobri que meu Anjo da Guarda silenciosamente se reunira a nós, e tive consciência de que, para ambos, meus próprios pensamentos eram transparentes como cristal. Foi ele quem respondeu à pergunta em minha mente. Em primeiro lugar, lembrou-me do ponto de retorno no ciclo terrestre, quando a humanidade começou a usar o dom do livre-arbítrio. Em seguida, deu esta mensagem: "Nos Reinos Angélico e da Natureza, existe a inteireza do Ser, mas no reino humano você cresce lentamente para seu potencial, criando sua própria vida à medida que evolui. Uma planta nasce de uma semente e desenvolve raiz, haste e folha, retirando da terra e do céu tudo o que necessita para seu crescimento. O espírito da planta, a força da vida, automaticamente se desenvolve em padrões e ciclos definidos. Mas no nível humano você é totalmente responsável pelo aprendizado e abertura às energias superiores e por retirar dos Reinos Angélico e da Natureza tudo o que necessita para seu crescimento. Você precisará mais destas energias superiores à medida que caminha, sem hesitação ou compromisso, para o novo século e a nova era.

"Até que você encontre sua integridade no centro da consciência, sentirá falta de um elemento essencial em sua vida. Esta necessidade não pode ser suprida fora de você. Nós que a guiamos esperamos que você descubra que esta procura é interna. Lá dentro, bem no fundo, soa uma nota, mas apenas você pode ouvi-la e abrir-se ao seu chamado, aceitando a responsabilidade de criar sua própria vida. Isso traz alegria e grandeza a todas as pessoas que param para escutar, reconhecer e seguir a voz interior, adquirindo o conhecimento do Espírito da Vida e do Amor Universal."

Neste ponto, meu Anjo da Guarda desafiou-me diretamente: "Às vezes você tem sido evasiva, pouco concentrada e pouco atenta, impedindo que a ajudemos na verdadeira tarefa para a qual está aqui na Terra, mas agora você está abrindo o caminho. O importante não é tanto o tempo que você dispensa, mas o grau de sua atenção. Cada desafio, quando enfrentado positivamente, é um dom a ser cultivado, e cada teste, um passo à frente em sua jornada interior".

Capítulo 3

## UM COMPROMISSO – NOVA FORÇA E LIBERDADE

Havia tanto a aprender! A cada manhã, em meus momentos de quietude, novas lições eram dadas, como verdadeiras centelhas de clareza interna, que despertavam minha atenção para os acontecimentos diários. Quando tentava colocar essas lições em prática, era inspirada e apoiada pelos que me guiavam. Esse mundo interior exigia que eu reconhecesse tanto o privilégio como a responsabilidade de um compromisso, especialmente quando este envolvia uma parte superior de meu ser, além do consciente e subconsciente. Outro ensinamento importante referia-se à cautela, à necessidade de percepção aguda e enfoque positivo da vida. Tendo ultrapassado o "ponto sem retorno", era apenas uma questão de tempo a desobstrução necessária ao próximo estágio de meu aprendizado.

Quando me preparava para uma nova aventura, meu Anjo da Guarda costumava retomar alguma lição anterior como base para criar uma sensação de segurança. Desta forma, certa manhã ele disse: "Estamos sempre com você para ajudá-la em qualquer momento que você se conectar conosco em meditação, mas é essencial ter uma cooperação completa de seu subconsciente, cuja tarefa flui em muitos ritmos, como a batida do coração, a respiração e uma série de outras funções. Sempre que você trouxer para sua quietude matinal um padrão rítmico positivo, a ligação com as energias curativas do Eu Superior se fará mais facilmente. Esta se tornará uma experiência reveladora, transmissora de vida, constituindo-se na parte mais importante do dia".

A descoberta desta verdade mudou por inteiro meu enfoque em relação à vida e abriu o caminho a mais aventuras e ensinamentos internos. Enquanto permanecia no silêncio, veio à minha mente mais uma lição de meu Anjo da Guarda, abrindo-me um novo caminho: "Se você vivesse num lugar onde o céu está sempre encoberto por nuvens, impedindo que o sol e a lua penetrem, e alguém lhe falasse sobre a majestosa beleza de milhões de estrelas, você acreditaria? Mas imagine uma noite em que as nuvens se afastam e, num momento de brilho fulgurante, as estrelas aparecem.

Uma visão muito mais extensa lhe é revelada e toda a sua percepção da vida pode mudar".

Senti-me intensamente grata por estar vivendo num tempo e lugar nos quais uma compreensão maior do mistério da vida está sendo revelada, onde as estrelas brilham no céu noturno. Com freqüência, contemplo o poente, quando o primeiro corpo celeste aparece no céu ocidental – o planeta Vênus. A princípio, vê-se um piscar aumentando continuamente na sombra, que se adensa até tornar-se forte e claro, enviando seu raio de luz diretamente ao meu coração. De algum modo, sei que Vênus simboliza o lugar de meu descanso espiritual após cada etapa de vivência terrestre, até a aurora do dia de uma nova vida. Estou tão certa disso quanto do despertar consciente de cada manhã após uma noite de sono. Cada um de nós tem um lugar de repouso para o espírito, antes de acordar para um novo período na Terra, onde saldamos dívidas cármicas e aprimoramos a realização de nosso potencial, através do amor e sabedoria da alma.

A duração desta jornada é escolha de nosso livre-arbítrio, mas, quando séria e conscientemente decidimos partir, uma enorme ajuda nos é dada, em todos os níveis de nossa consciência, por parte daqueles que guardam e guiam nossa senda espiritual. Algum dia não acordaremos mais na Terra, mas teremos a experiência gloriosa de uma tarefa mais elevada, no preparo de um dia ainda melhor.

Essas lições com meu Anjo da Guarda haviam se tornado um desafio cada vez maior, mas ele sempre tentava torná-las o mais natural possível, relacionando-as com algo tangível em minha vida, ou atraindo minha atenção para algum dado confirmador de uma fonte confiável. Numa revelação muito poderosa, ele explicou que os seres do Reino Natural-Elemental que trabalham conosco dão forma a todos os pensamentos dentro de nossa consciência, os quais são registrados em nosso livro da vida. Quando nossos pensamentos são negativos, eles gradualmente sobem à superfície de nossa consciência como circunstâncias ou relacionamentos que devem ser esclarecidos. Sua mensagem foi a seguinte: "A ligação com o espírito da vida através da alma torna disponível para você todo o conhecimento, energia e sabedoria de que necessitará nesta jornada; ele espera apenas por seu reconhecimento e sua cooperação no afastamento de toda negatividade que bloqueie o caminho".

Naquela manhã, um amigo estava lavando sementes de alfafa para que germinassem. Apanhei uma das pequeninas sementes e enquanto a segurava em minha mão, algo impeliu-me a levá-la para dentro do meu quarto. Sentei-me calmamente contemplando a vida dentro dela que, em poucos dias, a transformaria num broto, nutrida apenas pela água e pelo ar. Comecei a relacionar esse corpo-semente em miniatura com o meu corpo limitado, sentindo a energia velada dentro dele e apercebendo-me do padrão completo de seu crescimento. O Espírito de Vida dentro daquele pequeno corpo era um impulso real e poderoso que não poderia ser negado. O seu padrão exato seria estimulado pela água de vida e guiado por alguma força invisível da natureza. E quão vital e verdadeiro era aquele Espírito de Vida invisível, muito mais do que o pequenino corpo da semente que estava ali, permitindo que esse Espírito derramasse suas energias e o ampliasse para cumprir o seu destino.

Senti renovar-se o poder desse Espírito de Vida dentro de meu corpo. Percebi sua grandeza e vitalidade invisíveis em comparação com o limitado corpo através do qual ele se expressa, à medida que me guia seguramente em direção ao meu próprio destino. Isso é possível quando posso me relacionar com Ele, com um conhecimento interior seguro, tendo fé na sua Fonte eterna.

Ele explicou a necessidade de uma limpeza na consciência da humanidade com relação a tudo que fizemos com o nosso planeta. Através de constantes guerras, avidez, cobiça pelo poder e dessacralização da Terra, criou-se um vasto acúmulo de poluição que deve ser limpa para a vida continuar. As ambições e temores do homem fizeram com que o fluxo de dinheiro, que é a energia e o verdadeiro sangue da vida do planeta, se congestionasse perigosamente em certas partes do mundo e faltasse quase que totalmente em outras. Os Guardiões do corpo terrestre têm a tarefa de ajudar a humanidade na solução desse desequilibrio, inspirando pessoas a criarem novas correntes de energia que fluam sem ameaças. O nascimento da próxima era será suave ou sofrido, dependendo do tempo que levarmos para despertar e cooperar com os outros reinos. No microcosmo de nossas vidas, cada um de nós tem a responsabilidade de sanear a própria esfera de consciência.

Estava sentindo algum sucesso no trabalho de minha purificação individual quando, com desaponto, me surpreendi tendo pensamentos obscuros sem razão aparente. Eu aprendera que quando eles chegam é inútil evadi-los ou tentar ignorá-los, pois, todas as vezes em que o fizera, eles haviam voltado mais fortes do que nunca. Uma noite, antes de dormir, quando havia invocado a luz e o amor do Iluminado, pedi para compreender essa cortina de pensamentos sombrios, alguns deles de muitos anos antes e outros que pareciam não ter relação com minha vida.

Na manhã seguinte, na luz radiante do Templo, meu Anjo da Guarda veio saudar-me e disse: "Todas as vezes em que, em oração ou desejo interior, você se voltar para nós, estaremos prontos a ajudá-la. Quando você começar a compreender a relatividade de todas as coisas na vida, descobrirá mais sobre o alcance de seu papel. Esses pensamentos obscuros do passado vêm até você implorando para serem clareados. Você deve reconhecer a necessidade de transmutá-los, tão seguramente quanto respondemos às suas orações". Intrigada, perguntei como fazer isto, e ele replicou: "Peça perdão por tê-los criado, volte-se para energias mais elevadas e mantenha-os em luz interior e em amor que transforma. Isto lhe permitirá vê-los em perspectiva, e, tendo aprendido o que eles têm para lhe ensinar, você pode vê-los transmutados em luz".

Mais tarde, nessa manhã, me veio um sentimento de profunda tristeza relacionado com um incidente que acontecera quando meu filho era pequeno. Era seu primeiro dia na escola e, de manhã, quando o levei, prometera voltar para trazê-lo para casa. No meu escritório, naquela tarde, recebemos a visita inesperada de um executivo-chefe e tivemos de deixar todo o resto de lado. A escola já se fechara quando me lembrei de meu filho. Felizmente, ele encontrara facilmente o caminho de casa. Parecia incrível que isso se tivesse gravado tão profundamente em minha mente e que ainda estivesse aí, aparecendo depois de todos esses anos. Parei com o que estava fazendo, decidida a esclarecer esse pensamento que me perturbava. Em cooperação com meu Eu Básico, concentrei-me na ligação interna com as energias superiores e pedi perdão por essa experiência. Em pouco tempo uma onda de amor e de fé me inundou. Para minha alegria, vi meu filho, quando criança, cercado por uma linda luz. Na manhã seguinte, meu Anjo da Guarda veio me dizer: "Alegramo-nos que você tenha encontrado o sentido mais profundo de nossa ajuda. Todas as vezes que você pensar em seu filho deve vê-lo na beleza daquela luz. Isto a libertará e ajudará aos outros envolvidos".

Alguns dias mais tarde, quando estava na Escócia, recebi um telefonema inesperado de meu filho, que me chamava de Nova York. "Mamãe", disse ele, "você pode ir à Grécia e me encontrar em Atenas? Posso sair por alguns dias e sinto que deveríamos nos ver." Essas seriam nossas primeiras férias juntos, depois de muitos anos. A partir do momento em que ele me encontrou ao sair do avião, tivemos uma semana de maravilhosa partilha no Peloponeso, em Atenas e na ilha de Creta. Estivemos em total harmonia, experimentando o poderoso efeito da luz que vira cercá-lo.

Na noite anterior à nossa partida, um acontecimento testou minha fé no Eu Básico e no Ser Elemental que o guia. Chegamos ao nosso hotel em Atenas muito tarde da noite, tendo tomado o último avião de Creta, pois partiríamos na manhã seguinte bem cedo. Quando o recepcionista pediu meu passaporte, descobri que entre as muitas coisas que carregava não estava a minha bolsa. Tive consciência de que deveria tê-la deixado no táxi. O homem comentou: "Nesta cidade há muito pouca probabilidade de que a senhora a veja de novo".

Esse era um problema real, pois meu filho tinha um compromisso importante em Nova York no dia seguinte e não podia perder o vôo da manhã. Ele aceitou a situação com muita calma e disse que encontraria alguém que me ajudasse a conseguir um novo passaporte, uma passagem e os *traveler's checks*. Fomos para nossos quartos e eu me sentei muito quieta. Quase que imediatamente me veio um pensamento – se minhas lições interiores eram verdadeiras, existia uma ligação entre os Eus Básicos. Sintonizei com meu Eu Básico. "Por favor", implorei, "conecte o meu Eu Subconsciente ao do motorista, e leve-o a encontrar minha bolsa e trazê-la de volta ao hotel." Mantive este pensamento com clareza durante vários minutos e, então, comecei a preparar-me para a noite. No momento em que me deitava, o telefone tocou. Num tom de incredubilidade, o porteiro da noite disse: "A senhora é uma muiher de muita, muita sorte. O motorista acaba de chegar com sua bolsa". Cheia de gratidão, pedi-lhe para dar ao homem uma recompensa adequada.

As lições tiveram prosseguimento durante as semanas que se seguiram. Senti uma sinergia e uma qualidade de conhecimento intuitivo entre meu Anjo da Guarda e o brilhante Ser Elemental, que haviam trabalhado juntos através de tantos éons de tempo. Uma manhã, sentada calmamente com eles no jardim do Templo, pensava em sua paciência comigo, quando era tão lenta no aprendizado. Eles me garantiram novamente que era necessário ir devagar: "Você pode retroceder se tentar avançar depressa demais. Alguns têm feito isso e se bloquearam espiritualmente. Ao se adiantarem antes que estivessem prontos para praticar as lições recebidas, perderam a magnificência do viver e a maravilhosa aventura da integridade da vida".

Fiquei pensando se isso era um aviso ou se eles estariam desafiando minha disponibilidade. Senti-me impulsionada a continuar com minha jornada, esquecendo-me de que meus pensamentos eram transparentes para eles. Devo ter emitido algum sinal significativo, pois meu Anjo da Guarda disse: "Antes de vir para a Terra nesta encarnação, você fez muitas escolhas cármicas que necessitam ser esclarecidas. Elas estão anotadas em seus registros cármicos". E o Majestoso Ser Elemental acrescentou: "Tudo está inscrito em seu Salão de Registros, e também impresso num recanto de sua mente".

Naquele instante, reconheci nele o guarda do vagão postal de meu sonho. Ele nos fez sinal para que o seguíssemos e guiou-nos pelos jardins do Templo da Totalidade. Parou diante de uma porta especial, abriu-a e disse: "Tudo o que você criou, desde o começo do seu período evolutivo na Terra, está registrado aqui. Entre e descubra os tesouros, a beleza que você construiu, e o carma que você purificou. Pouco a pouco, você verá melhor o que ainda precisa ser modificado: a limitação de muitos conceitos escondidos e o apego inconsciente a coisas materiais. Assim como uma lousa pode ser limpa, as páginas de seu Livro da Vida também podem ser apagadas. Agora que você está se preparando para sua jornada, conserve-o sem a mácula de qualquer carma negativo ulterior".

Entramos no salão e lá encontrei minha irmã, cujo amoroso cuidado sempre me apoiara. Bem próximo dela estava seu Anjo da Guarda, que apontou para o meu Livro da Vida. Abri-o e encontrei registrada uma experiência de muitos anos antes, cujas vibrações ainda esperavam ser esclarecidas. Era raro encontrar duas irmãs tão harmoniosas como nós, ajudando-se mutuamente em sincero amor, sem nunca uma palavra áspera. Nessa cena havíamos acabado de chegar ao nosso quarto de hotel em Viena, depois de um mês de viagem pela Suíça, Alemanha e duas inesquecíveis semanas em Budapeste, nas quais havíamos feito parte de um grupo de representantes de "Girl Guiding" e "Girl Scouting" (bandeirantes) de muitos países, em 1933. Na Suíça, eu contraíra uma dor de garganta aguda, enquanto me esforçava para atingir o cume de uma montanha sem ter tido oportunidade de descansar em toda a viagem. Quando minha irmã mais moça sugerira pontos de interesse para vermos naquele dia em Viena, surpreendi-me, de repente, sentindo-me tão mal a ponto de dizer-lhe, muito zangada, que me deixasse em paz. Ela saíra imediatamente e uma grande necessidade de dormir sobrepujara minha preocupação com ela. Enquanto olhava o registro, vi o carma ser apagado da página. Com assombro, virei-me para meu Anjo da Guarda, que explicou: "É o grande amor de sua irmã por você que liberou seu envolvimento através desta experiência realizada dentro das energias do Templo. Em sua aceitação e total perdão, você está liberada, assim como ele. Dentro de seu Livro da Vida existe uma força magnética que atrai até você a energia vital do amor superior".

Apenas então tive consciência de uma radiância luminosa que enchia o salão e conscientizei-me de que minha força aumentava gradualmente. Vi um grupo de gloriosos Seres de Luz me cercando, o que aumentava a beleza desse momento especial em minha vida. Eu vira esses seres apenas uma vez anteriormente, numa experiência de meditação há muito tempo. Naquele momento haviam-me dito que eu era parte do grupo, mas havia muitas coisas a serem esclarecidas, e que eu voltara à Terra para modificá-las. Meu Anjo da Guarda me garantiu que o processo de esclarecimento era de grande ajuda para o Grupo em nível superior e abriria o caminho para que eu trabalhasse com eles mais intimamente.

Nesse momento, com a respiração suspensa, meu subconsciente permitiu que uma onda de energia interior se manifestasse através da ligação que ele guarda tão lealmente. Compreendi que sua cooperação era essencial para esta jornada e me senti apoiada. Alegremente, agradeci essa energia extra, virei-me para o Ser Elemental que o guia e disse: "Estou tão grata que você se tenha revelado a mim! Espero demonstrar meu sentimento através de uma cooperação renovada". Tudo estava em silêncio, enquanto as energias sustentadoras desse grupo de grandes almas e guias à minha volta esperavam. Nesses momentos de conhecimento intuitivo, senti que, de algum modo, minha decisão afetaria a todos. Finalmente, chegou-me à consciência o maravilhoso amor e confiança do meu Anjo da Guarda; voltei-me para ele e disse: "Você me dá a coragem, a inspiração e a confiança necessárias para o compromisso que devo assumir". Enquanto parava no limiar dessa nova aventura, ele gentilmente me encorajou: "Na presença do Grupo, coloque as mãos em seu Livro da Vida e prometa a você própria limpar de suas páginas tudo aquilo que puder". Com o amoroso apoio desses Seres, formulei meu compromisso tão claramente quanto possível no meu Livro de Registros.

Uma sensação de grande força e liberdade me inundou. Essa experiência era como uma estrela brilhante que me guiaria em minha jornada. Com uma sensação surpreendentemente familiar, veio-me a lembrança do momento em que concordara partir de um plano mais elevado, onde vivia com esse Grupo, para fazer, aqui na Terra, esta grande experiência.

Capítulo 4

# UMA AVENTURA NA CURA

O trabalho de inspiração continuou em minha meditação matinal, dentro do corpo áurico de meu Eu Superior, expresso como o Templo da Totalidade. Pequenos lampejos de minha jornada começaram a aparecer; por vezes, quando me aproximava do Templo, via lindas montanhas à distância e ouvia as palavras: "É importante que você viva entre as montanhas". Esperava que isto fosse parte de minha jornada interior, pois passara a maior parte de minha vida à beira-mar.

Durante várias semanas tive consciência de que uma mensagem tentava captar minha atenção. Finalmente, uma manhã, num *insight*, ela me chegou: "Libere! Agora é o momento de soltar tudo aquilo que está fazendo em sua vida atarefada. Você terá um novo trabalho a fazer". Mas esta mensagem, como a passagem de trem em meu sonho, não dava nenhuma indicação de para onde isto me levava. Minha vida dentro da comunidade de Findhorn era rica e compensadora, com muitas pessoas vindo à minha casa para visitas e conversas. Não vendo nenhuma razão para mudança, surpreendi-me, ora resistindo, ora ignorando sonhos e pressões internas. No passado, quando as indicações haviam sido mais claras, eu costumava entender e seguir meu conhecimento interior, mas agora me comportava como a lendária avestruz com sua cabeça na areia, recusando-me a reconhecer desafios. Talvez minha resistência fosse maior porque eu sabia que eles sempre chegam como o prelúdio de uma mudança importante.

Manhã após manhã, chegavam mensagens para levar-me ao desapego, até que sofri um impacto triplo. Primeiro, num sonho, estava em pé, falando com um homem que alcançou os galhos de uma árvore, dos quais retirou uma foice. A cor de toda a cena era muito linda, mas estranha e incomum. As árvores eram azuis, o céu dourado e, para onde quer que eu olhasse, havia luzes escondidas através das cores. Não havia plantações próximas e imaginei o que o homem iria cortar. Tranqüilamente, ele disse que tinha de ir andando. Estudei as cores durante algum tempo, e então vi a mesma figura à distância, dirigindo-se para um campo de grãos com outra pessoa; ambos carregavam foices sobre os ombros. Apenas começara a ter consciência de que era eu que andava com ele quando acordei. Fiquei imaginando quem poderia ser aquele homem, por que eu estaria andando com ele e o que eu iria cortar.

Também nessa manhã, dois jovens amigos vieram me dizer que cada um deles tivera a forte sensação de que eu não deveria me ocupar com tantas coisas como estava fazendo. Um deles vira isto num sonho, e o outro, naquela manhã, na meditação. Soube então que meu Anjo da Guarda não deixaria pedra sobre pedra para atingir minha resistência.

Embora encarar uma mudança importante me causasse desconforto, na realidade já começara a liberar parte do trabalho que estivera fazendo. Meu livro já estava pronto para os editores e a comunidade acabara de adquirir um computador que, me afirmaram, poderia facilmente resolver a maior parte do outro trabalho que estivera fazendo durante anos. Eu não entendia nada de computador, mas nessa noite, num momento de quietude, pedi ajuda para tomar a melhor decisão. Na manhã seguinte, meu Instrutor Interno chegou com um brilho especial e me deu completa garantia de que o material que eu guardara cuidadosamente durante tanto tempo poderia ser transferido para o computador com relativa facilidade. Ele me deu uma lista dos procedimentos a serem seguidos na seqüência correta, os quais anotei cuidadosamente. Mais tarde soube que uma jovem, que se encarregou das informações para o computador, considerara a seqüência perfeita.

Por essa época, um astrólogo com profunda experiência espiritual visitava a comunidade e, embora eu nunca tivesse sido atraída pela astrologia, perguntei-lhe se poderia fazer um mapa e interpretá-lo para mim. Ele respondeu que partiria dentro de poucos dias e que, estando muito sobrecarregado, sentia não poder fazê-lo. Começou a se afastar e, de repente, como se uma energia poderosa o tivesse atingido, voltou-se e disse: "Sara, eu o farei. Tenha uma fita pronta para mim no sábado às duas horas". Mas, por força das circunstâncias, muitas semanas deveriam se passar antes que eu visse o mapa e ouvisse a fita, pois alguns dias mais tarde eu partia para outra aventura.

Nessa época, meu Anjo da Guarda me deu o primeiro indício do novo trabalho que deveria estar fazendo: "Você ajudará muitas pessoas", ele disse, "tanto individualmente quanto em grupos." Isto me fez pensar instantaneamente que o melhor modo para ajudar os outros seria aderir ao departamento de pessoal. Logo depois que começara o trabalho no departamento tive um sonho alarmante. Eu estava num ancoradouro e tinha um pé no cais e o outro num barquinho à vela, quando este começou a se afastar e eu estava paralisada, sem conseguir mover os pés. Acordei com uma sensação de perigo iminente e soube então que chegara a hora de enfrentar o desafio de meu Instrutor Interno. Finalmente, naquela noite, pedi ajuda e consegui a total liberação de mim mesma, o que até então estivera incapacitada para aceitar.

Na manhã seguinte, eu descia uma escada bem íngreme, depois de uma entrevista no setor de pessoal, quando, quase no último degrau, meu tornozelo direito se torceu e quebrou. Olhando para o pé acidentado, meu primeiro pensamento foi: "Finalmente tenho minha liberação total". Então, imediatamente, tive consciência da enorme tarefa de cura que meu Eu Básico teria de realizar, e disse calmamente: "Tudo estará bem". Ao dizer isto, senti o brilho de um nível mais elevado vindo através de uma ligação interna e ouvi as palavras: "Isto a levará à maior aventura de sua vida". Uma maravilhosa energia transformadora atravessou meu corpo e, com assombro, vi minhas mãos pegarem o pé atingido colocando-o em alinhamento perfeito e mantendo-o no lugar. Conforme o treinamento de primeiros socorros, minha mente gritara: "Não toque nele!", mas essa experiência era algo além do nível de minha mente consciente.

O fulgor interno e uma sensação de segurança permaneceram comigo na longa corrida de ambulância para o hospital mais próximo que pudesse lidar com tal fratura. Uma amiga me acompanhou dando-me carinhoso apoio. Quando o cirurgião checou o raio X, disse que todos os ossos estavam exatamente na posição certa. Ele apertou meu tornozelo e, nesse momento, alguma coisa cedeu, indicando que seria necessária uma operação. Mais tarde, disseram-me que um quisto em um dos ossos fora a causa da fratura. Amigos vieram visitar-me trazendo objetos de que precisava e uma moça enviou-me uma mensagem dizendo que, quando eu estivesse pronta para voltar para casa, ficaria comigo por quanto tempo eu necessitasse dela. Amigos da Califórnia que estavam visitando a comunidade apareceram como anjos para partilhar de momentos preciosos e trazer-me tesouros. O médico me disse confidencialmente que, dada a minha idade e a fragilidade da estrutura óssea, era pouco provável que voltasse a andar sem a ajuda de muletas. Entretanto, tornou-se gradualmente claro para mim que havia um propósito mais elevado nessa experiência desafiadora. Em minha consciência interna sabia que eventualmente ganharia a força necessária para os anos de serviços à minha frente.

Bem cedo descobri o quanto era real a aventura que me fora prometida. Estava numa enfermaria com vinte e quatro mulheres, algumas das quais em grande sofrimento; eu tinha um gesso que chegava até os quadris, mas encontrei energias de amor de cura mais elevada fluindo através de mim para alcançar e ajudar a quem quer que tivesse necessidade. Essa energia também me protegia da dor e me mantinha em excelente saúde.

Aprendi a lição fundamental de que a resistência interna é uma das principais causas da dor, seja física, emocional ou mental.

Quando já estava por um mês no hospital, tive uma grata surpresa: meu filho chegou de Nova York, para levar-me de volta à minha casa em Findhorn e passar alguns dias comigo. Esse foi um tempo precioso para nós, pois estávamos ambos livres de outros compromissos e podíamos gozar amplamente essa visita.

Entre os cartões e presentes que estavam à minha espera, encontrei o mapa e o *tape* que o astrólogo havia preparado para mim. Quando ouvi a fita fiquei admirada ao descobrir tantas tendências, impulsos e acontecimentos de minha vida descritos com tantos detalhes. Uma afirmação era feita com grande clareza: "Você acaba de chegar a um ponto crucial de sua vida, depois de quatorze anos de serviço ativo de natureza externa. Isto indica que você deve abandonar seu papel ativo e movimentar-se em ritmos mais suaves. Você poderá ajudar muitas pessoas e escreverá livros. Se você deixar de dar este passo, poderá acabar numa instituição ou num hospital".

Durante as semanas de convalescença movimentava-me em meu quarto com muletas, enquanto a aventura continuava: muita gente vinha conversar comigo; entre elas uma pessoa do Brasil que estava visitando a comunidade. Veio diversas vezes e descobri, mais tarde, que era o homem com a foice em meu sonho e que seria um importante catalisador da jornada à minha frente. Finalmente chegou o dia de retirar o gesso e do *check-up* no hospital. Quando o cirurgião checou o raio X, houve um momento de silêncio e então ele disse: "Srª Marriott, temos um leito vago na enfermaria. Vamos operar de novo amanhã".

Inspirei rapidamente e vi-me apoiada tanto pelo subconsciente como pelas energias superiores em calma e completa aceitação. Deram-me alguns minutos com a amiga que me trouxera e então voltei à familiar enfermaria para ser saudada com encantadoras e calorosas boas-vindas das enfermeiras. Desta vez, o cirurgião fez um enxerto ósseo do quadril para o meu tornozelo, e, mais uma vez, as energias superiores de meus parceiros internos mantiveram-me com saúde. Houve tempo para escrever um pouco e uma oportunidade para apreciar os livros que desejava ler, e assim os dias se passaram rapidamente. Muitas pessoas viajaram de longe até o hospital para conversar comigo, inclusive aquele amigo do Brasil, que desejou ser identificado pela inicial "H". Depois de um mês estava de novo em casa e pouco antes do Natal o gesso foi finalmente removido. Meu tornozelo reagiu à massagem e à terapia, mas ainda assim meu pé não era capaz de suportar o peso do corpo.

Justamente nessa época, uma amiga que vinha me visitar, da Inglaterra, veio passar uma tarde comigo. Ela disse que voltava nessa noite para um belo lugar nas montanhas da Costa Rica, onde se estabelecera um grupo de Quakers. Ao sair, ela se virou e disse: "Sara, sei que você terá de ir para essa aldeia na montanha e partilhar sua experiência com aquelas pessoas tão agradáveis". Senti uma batida no meu coração, mas olhando para minhas muletas pensei que isso seria muito pouco provável.

Nas semanas que se seguiram, uma luz interior me conservava consciente da aventura de remodelar minha vida e me dei conta de que toda essa experiência, com a ajuda de energias superiores, era um dos maiores dons que já recebera. Uma manhã, na minha hora de quietude, senti a presença de meu Anjo da Guarda, que me enviou a seguinte mensagem: "Os estágios de progresso que você está fazendo na experiência com seu tornozelo são simbólicos dos passos que você está dando para a nova liberdade de sua vida". Bem cedo eu descobriria o primeiro desses passos.

Num sonho mostraram-me um livro, o qual sabia que deveria ler. Não podia ver seu título, mas, quando o descrevi para uma amiga, ela foi capaz de encontrá-lo e trazê-lo para mim. Sou freqüentemente inspirada a abrir livros ao acaso para qualquer mensagem que tenha de receber, mas, quando peguei aquele em minhas mãos, percebi que era para lê-lo inteiro. Ele descrevia o antigo e poderoso método de oração, com milhares de anos de idade, codificado nos ensinamentos da maioria das grandes religiões do mundo. Quando cheguei à última página, sabia que poderia permitir-me abrir o livro para uma mensagem especial. À minha frente estava a história das Bodas de Caná, quando Cristo transformou água em vinho. O vinho representava o que era necessário para a festa de casamento. Ao acabar de ler a parábola, ouvi uma voz interior dizer: "Leia de novo". Tive de lê-la diversas vezes antes que pudesse descobrir o sentido para mim. Finalmente, tive consciência de que o vinho simbolizava, também em minha vida, alguma coisa que era necessária naquele momento. Com outra iluminação interna, soube que chegara o momento de pedir pelo próximo passo de minha jornada. Entretanto, para isso, era preciso que identificasse minha necessidade prioritária. Esta eu sabia, deveria estar relacionada com a possibilidade de trabalhar honestamente, sem as barreiras interiores que freqüentemente encontrara em meu caminho. Gradualmente, de muitos pensamentos e idéias, dois pontos se tornaram claros, ajudando-me a formular dois pedidos:

*Cura de meu tornozelo* – pois sabia que um corpo forte era essencial à tarefa que me fora mostrada e que deveria fazer; e

*Purificação e fortalecimento* – de modo que o trabalho de meu Eu Superior pudesse expandir-se para ajudar a outros.

Estes pontos soavam corretamente em meu coração e mente e senti que meus parceiros internos estavam de acordo. Sabia que o PLANO esta-

40

va pronto para ser trazido à manifestação assim que conseguisse aceitá-lo e segui-lo sem perguntas.

Concentrada na luz interna e respirando profundamente para obter maior força vital e abrir-me à ligação com energias superiores, fiz meu pedido, com grande cuidado. Durante os dois dias seguintes repeti a oração, sempre que havia oportunidade para o silêncio. A cada vez senti um fortalecimento da fé, que era como uma bênção. Na terceira manhã acordei com as palavras da oração em meus lábios e em minha mente um quadro claro de um tornozelo bom e forte. A hora de meditação que se seguiu foi mais brilhante que de costume; senti a presença de meu Anjo da Guarda e de outros Seres de Luz comigo, enquanto recebia energias de cura.

A manhã prosseguiu como de hábito, com pessoas vindo me visitar e falar até o meio do período, quando houve uma calmaria. Sentada sozinha na extremidade da sala de estar, com as muletas ao meu lado, fiz de novo como se fosse uma cerimônia, diferente dos outros dias. Quando abri meus olhos, o sol saiu de trás de uma nuvem e me senti como se estivesse sendo levantada de minha cadeira. No mesmo momento, na outra extremidade da sala, havia alguma coisa fervendo e se derramando sobre o fogão. Segundos depois, encontrei-me de pé na cozinha, tentando salvar a panela. Tive, então, um momento de assombro, pois ao olhar para trás vi as muletas ao lado de minha cadeira. Eu estivera tão absorvida com o que acontecera no fogão que não compreendera que finalmente estava andando. Voltei mancando para a cadeira, mas meu coração estava cheio de gratidão. Ouvi em tons claros e ressoantes: "Isto é real – um grande passo adiante em sua jornada".

Capítulo 5

## PRIMEIROS PASSOS NA JORNADA

Alguns dias após ter descoberto que podia andar sem muletas, encontrei, em minha porta, uma caixa de bolos para o chá, recém-assados. Na bela sincronização da vida da comunidade, um pouco mais tarde uma coordenadora de atividades de visitantes veio perguntar-me se eu recebia três pessoas para o chá. Shirley McLaine estava lá com dois amigos e gostariam de conversar comigo. Estando bem preparada com os bolinhos, concordei imediatamente. Durante a tarde partilhamos muitos pensamentos, experiências e um pouco acerca dos livros que cada uma de nós estava escrevendo. Falei-lhes sobre a oração poderosa e a cura do meu tornozelo. De repente, sem pensar, exclamei: "Talvez agora eu possa ir à aldeia Quaker nas montanhas da Costa Rica".

O resultado foi eletrizante! Com entusiasmo, todos se puseram a falar ao mesmo tempo: "Oh, isto é maravilhoso! Você precisa vir – é onde nós moramos, próximo do Aeroporto de Alajuela. Venha visitar-nos também. Nós viremos encontrá-la e levaremos você para a montanha. Isso é esplêndido". Shirley observou: "Agora você sabe por que eu vim". Contou então, a toda a comunidade, que eles haviam sido inspirados a passar aquelas horas comigo.

Alguns dias mais tarde, minha amiga estava de volta da Costa Rica, trazendo-me um convite para visitar uma família da aldeia. Sentindo a aprovação de meu Anjo da Guarda, escrevi aceitando. Eu também havia sido convidada a passar algum tempo com amigos na Califórnia, até recuperar-me melhor de meu tornozelo. Na mesma ocasião, eu teria a oportunidade de participar da qüinquagésima quinta reunião de minha turma na Universidade de Boston, que coincidiu com o centenário de minha escola. Com tantos incentivos, comecei a fazer planos, sabendo que não se tratava apenas de uma viagem, mas de uma verdadeira aventura.

Em meados de março estava a caminho. Mais uma vez, a sincronia colocou-me ao lado de um dos nossos membros que inesperadamente estava no mesmo vôo para Londres. Lá, fomos saudados pela notícia de que ou-

42

tra pessoa da comunidade estaria em meu vôo para Los Angeles, de modo que fui regiamente tratada e tive ótima companhia durante todo o percurso.

Cada dia na Califórnia me trouxe maior força e certeza espiritual quanto ao processo de cura. Visitei amigos, velhos e novos, em grupos e comunidades, dei palestras sobre meu livro e respondi a muitas perguntas. Finalmente chegou o dia do passo maior de minhas aventuras: a viagem até Miami e de lá para a Costa Rica. O primeiro vôo deveria ter sido direto, mas, devido a avisos de furacões, fizemos uma série de escalas antes de Miami. Uma proteção espiritual estava sempre comigo, pois havia sempre alguém que se oferecia para ajudar-me nas diversas transferências de aeroporto, acompanhando-me em meu passo lento.

O vôo para a Costa Rica, no dia seguinte, foi um dos mais lindos que experimentei. Grandes nuvens formavam esculturas gigantescas de quilômetros de altura à nossa volta, ao passo que abaixo, a terra e o mar eram claros como cristal. Conforme o prometido, fui esperada pelo casal que estivera em minha casa para o chá e passei dois dias deliciosos com eles, em sua casa com jardins tropicais, em Alajuela. Foi uma partilha muito especial.

A família que eu deveria visitar na aldeia da montanha organizara sua viagem a San José de modo que coincidisse com minha chegada; assim, seguimos juntos até a montanha. Viajamos durante algum tempo na rodovia principal, para depois entrarmos numa estrada de montanha, cujo trajeto foi uma grande experiência. O forte Land Rover passava por córregos e subidas tão íngremes que demoramos quase duas horas para cobrir cerca de trinta quilômetros. Meus companheiros de viagem me contaram que, logo após o grupo ter descoberto o lindo vale acima, eles haviam viajado a cavalo, enquanto carros de bois levavam todo o seu material e suprimentos, durante vários dias. Na pequena aldeia encontrei uma alta qualidade vibratória e um espírito determinado. Eles haviam criado sua própria usina elétrica, sistema de abastecimento de água e mantinham rebanhos que supriam de leite sua moderna fábrica de queijo. Os moradores da aldeia conservavam uma famosa reserva Clour Forest, logo abaixo da Divisa Continental, que era um paraíso para biólogos, observadores de pássaros e grupos de estudantes de diversos países. A comunidade, longe de estar isolada, tinha um fluxo contínuo de pessoas indo e vindo, e o tranqüilo grupo Quaker raramente fica sem visitantes de outras partes do mundo. Meu coração entoava uma nova canção em clima de glória, aquecido pela hospitalidade e novas amizades. Com essa melodia veio a certeza de que eu voltaria a subir as belas trilhas da montanha sem dificuldade de andar.

Deixei aquela terra ensolarada depois de duas deliciosas semanas cheias de inspiração e parti para Boston. Lá, iria à minha reunião, visitaria parentes e amigos, além de ter alguns dias muito especiais com meu filho e uma semana tranqüila na ilha Wolfe, junto ao rio São Lourenço. Havia um Centro de Luz nas montanhas do Norte pelo qual me sentia atraída, onde uma profunda concentração me deu novas forças para o próximo passo à minha frente. Quando voltei para casa, sentia-me revitalizada: o sentido da Jornada Interior era agora uma experiência viva.

Numa manhã de domingo, depois de chegar em casa, fui à sessão de cura no Santuário e, antes de entrar, pedi numa oração especial para andar mais facilmente. Meia hora depois de sair de lá, descobri com alegria que não mancava mais. A cada manhã, adquiria também maior liberdade em meu trabalho de meditação no Templo, o que me tornava mais segura na partilha do padrão um tanto incomum de curar e de ajudar pessoas e na descoberta de suas habilidades e potencialidades. A experiência no Templo também chamou a atenção delas para o poderoso efeito da capacidade criativa da mente, inclusive na direção da parte subconsciente de suas vidas.

Durante os meses de verão, um plano delicioso, que agia no nível do Eu Superior, começou a se desdobrar em minha sala de estar na Comunidade de Findhorn. Diversas pessoas chegavam do Brasil, entre as quais homens de negócios que visitavam a comunidade enquanto estavam na Europa; uma jovem que mais tarde se tornou um membro do grupo original de um Centro que lá se desenvolvia, mulheres que haviam vindo para *workshops* e homens jovens profundamente interessados na Nova Era. Todos eles vinham conversar comigo e mais tarde tive consciência de quanto essas pessoas foram importantes na decisão que vim a tomar.

No outono, meu primeiro livro foi publicado. Imediatamente depois, um novo impulso me pressionava para aflorar, mas sua mensagem estava longe de ser entendida. Meu Anjo da Guarda deu uma pista: "Quando você compreender o papel que terá de desempenhar, haverá um fluxo de energia mais claro. Libere o máximo que puder e permita que o equilíbrio invada com tranqüilidade seu sistema interior de vibração".

Uma noite senti um anseio vindo de algum lugar mais profundo de mim e soube que era importante abrir-lhe o caminho. Num belo momento da quietude, pouco antes de dormir, cercada de luz e amor, pedi força para ser receptiva e encarar o que essa experiência fosse trazer, expressando minha disposição de seguir quaisquer orientações claras que me fossem dadas. Na manhã seguinte entrei em meditação nos raios de cura do Templo da Totalidade, quando meu Anjo da Guarda apareceu e, com inesperada clareza, me deu instruções para o período seguinte de minha vida:

"Pesquisamos a Terra para encontrar um lugar que estivesse o mais perto possível do Templo da Totalidade, para a comunhão conosco e para seu trabalho de escrever. Era necessário uma instalação tranqüila, num plano mais elevado, com uma ampla vista do mar e do céu, num lugar de grande beleza. Assim, foram feitas muitas interligações no plano da alma para guiar você a esse lugar especialmente escolhido, onde todas as necessidades seriam amparadas. O lugar é a Costa Rica; a época, dezembro".

Na mesma ocasião, chegou uma carta de meus amigos da Costa Rica, contando que eles haviam terminado um pequeno apartamento na linda e ampla casa de hóspedes que tinham construído, e imaginaram se eu gostaria de vir passar o inverno. Algumas pessoas vinham insistindo para que eu escrevesse outro livro partilhando meus pensamentos e experiências, mas, quando me lembrava da luta que tivera com o primeiro, sentia que precisava de uma confirmação efetiva para começar outro. Sobre minha mesa estava um volume que deveria ser devolvido à biblioteca da comunidade. Abri-o e li:

"Uma semente conserva na pureza aquilo para o qual está crescendo, atraindo para si tudo o que precisa, sem fazer concessões".

Enquanto ficava ali, ouvi uma voz interior: "O livro é a semente. Ele atrairá para si tudo o que você necessitar. Não faça concessões". Essa era realmente a confirmação final. No momento em que aceitei essa orientação, o caminho se abriu diante de mim e todas as coisas caíram em seus lugares tão rapidamente que algumas horas depois a organização básica já estava feita. Em poucos dias estava tudo pronto para minha viagem: reservas, lugar para ficar e alguém para morar em minha casa durante o inverno.

Veio-me, então, uma lição intrigante. Enquanto fazia a mala, ouvia as palavras – "Leve pouca bagagem: só aquilo que você puder carregar com facilidade". Isso me parecia um tanto ridículo, pois deveria me ausentar por cinco meses, minha lista de roupas e objetos essenciais era razoável e levava apenas uma mala e uma sacola de mão. Quando chegou o momento de ir para o aeroporto, não consegui encontrar a chave de minha mala, que estivera comigo um pouco antes. Não podia despachar uma mala trancada, portanto, decidi comprar uma nova no caminho para o aeroporto. Em Londres, despachei-a para Miami e esperei meu vôo, mas no último minuto, devido a uma pesada nevasca, transferiram-me para outro avião de uma companhia diferente e garantiram-me que minha mala seria despachada. Depois de dois meses na Costa Rica eu já aprendera a viver com umas poucas coisas simples, até que minha mala fosse finalmente descoberta e devolvida. Comecei a compreender a importância e o significado interior das palavras – "Viaje com pouca coisa". Meu Instrutor Interno disse: "Poucas coisas mantidas em ordem darão a você maior liberdade; no entanto, não eram as coisas em sua mala que importavam, mas seu apego a elas. Aprenda também a tornar leve o peso das ilusões e falsos conceitos que tem carregado por tanto tempo em sua vida". Quando comecei a me tornar mais consciente desses pesos, compreendi o desafio que represento ao meu Eu Superior, quando ele se defronta com minha falta de compreensão e resistência à mudança.

Quando cheguei à Costa Rica, mencionei que necessitaria de uma máquina de escrever. Um amigo gentilmente se ofereceu para me emprestar uma que não estava usando e fiquei muito satisfeita. Quando fui usá-la, descobri, para meu desaponto, que era muito diferente e havia duas teclas que nenhum de nós conseguia soltar. Telefonei ao meu amigo que disse: "Provavelmente não são as teclas mas a margem automática. O processo é um tanto complicado para se explicar pelo telefone. Espero que você encontre alguém por aí que possa ajudá-la". Procurei a solução, pois sabia por experiência que cada desafio encerra algum sentido mais profundo.

Naquela noite me veio uma idéia – "Não poderia o meu Eu Básico, através de conexões subconscientes, obter a resposta?" Decidi pedir a meus parceiros internos essa ajuda. Tive um sonho no qual meu amigo me dizia: "Esqueça tudo sobre as teclas, colocaremos as margens". Ele me mostrou exatamente o que deveria ser feito, o que envolvia fazer três operações simultâneas com minha mão direita. Então acrescentou: "Ficamos tão envolvidos em nossas mentes, presos às teclas e às maneiras de fazer as coisas em nossas vidas, que nos esquecemos de marcar as margens espirituais, que esclareceriam imediatamente nossos problemas". Lembrei-me de olhar para o relógio; eram três da madrugada.

Quando acordei pela manhã e pensei no sonho, fiquei imaginando se poderia me lembrar do que ele me havia mostrado. Abri a máquina, e para meu assombro descobri que estava completamente livre. Devo tê-la regulado durante a noite, quando tudo me pareceu tão real durante o sonho. Quando telefonei ao dono, no local distante onde morava, ficou muito satisfeito, e disse que vira muito claramente o que era necessário. Fiquei imaginando se, na interligação subconsciente, eu havia apanhado a solução através de sua mente.

Quando já estava adaptada à vida da comunidade, pediram-me para dar uma palestra sobre os níveis de consciência. Naquele momento, diversas pessoas perguntaram se poderiam voltar. Assim, encontramo-nos numa manhã de sábado para um momento de meditação e partilha da nossa experiência. Foi um belo desafio para todos nós e eles sugeriram que nos encontrássemos regularmente. Deste modo, comecei a dar *workshops* e a me tornar consciente de energias da alma que vinham através desse trabalho. Foi uma alegria inesperada descobrir essa nova possibilidade se abrindo na conscientização para mim.

Quão cuidadosamente aqueles que nos guiam preparam nosso caminho e nos orientam pouco a pouco, à medida que estamos prontos, para liberar mais dos nossos conceitos limitados sobre quem somos e algumas de nossas ilusões a respeito do mundo em que vivemos. Começava a sentir alguma mudança e gradual abertura para uma experiência mais real em minhas horas de meditação. A experiência do Templo se tornava cada vez mais real e visível, assim como os fatos na vida diária. Era clara a visão das almas que, através de seus corpos sutis, partilhavam dos raios de cura do Templo. Ali, o poder do puro amor se refletia nelas até a instância da personalidade necessitada de ajuda.

Parte desse trabalho da cura incluía registrar a experiência do Templo e partilhá-la com aqueles que o solicitavam. Por vezes tinha o efeito de uma mudança na consciência da pessoa, quando reagia à clareza da ação mais elevada que se desenrolava. Eu sentia uma ligação da alma e um grande amor por todos aqueles que apareciam no Templo. Era um serviço que eu fazia alegremente, pois me proporcionava a valiosa oportunidade de ajudar os outros.

Na claridade daquelas montanhas, eu começara a observar uma mudança no trabalho do Templo em minha hora de quietude. Tanto as energias de cura como a ajuda às pessoas desenvolviam, imperceptível e sutilmente, uma nova qualidade. Na vida cotidiana havia um equilíbrio entre meu espaço para escrever e o dedicado às atividades da comunidade. Apesar disso, quando escrevia, não sentia o fluxo de energia pelo qual esperara. Quando tentei compreender o que estava acontecendo, meu Anjo da Guarda deu-me esta mensagem: "Este é apenas um passo inicial. Existe um plano maior. Você ainda não o viveu".

Também escapara à minha observação, até aquele momento, o fato de que o Iluminado vinha com menos freqüência ao Templo. Uma manhã, em meditação, ao entrar em seu jardim, meu Anjo da Guarda saudou-me com um convite tentador: "Exatamente no centro do Templo você encontrará uma nova energia de grande poder purificador". Fascinada, exprimi minha ansiedade em ver isso, e fui conduzida a um foco de intensa luz, que vinha através do teto abobadado.

Sabia que essa radiação vinha de um plano muito alto acima de mim e fiquei imaginando se era enviada pelo Iluminado, como um presente para o Templo. Senti, então, sua presença dentro da luz e, naquele momento, tive consciência de que ele era o guia de minha alma, cujo corpo áurico formava o Templo à minha volta. Assombrada, fiquei em silêncio durante um período de adaptação e, quando olhei em direção ao meu Anjo da Guarda, ele me fazia sinal para que desse um passo para a frente. Lentamente, aproximei-me da corrente de maravilhosa luz e, sentindo-me a salvo dentro do Templo, adiantei-me até o centro das energias purificadoras. A luz me lembrou uma visão de muito tempo atrás, quando vira pela primeira vez os Seres Preciosos que guiavam minha vida. Mas agora a energia não era avassaladora

47

como o fora então: sentia antes que era renovadora e que me restaurava dentro de seus raios protetores.

Virando-me para o meu Anjo da Guarda, eu me movera apenas um pouco quando vi um raio de luz violeta tocando-me diretamente o coração. Descobri que se originava de duas fontes do Templo: do pequeno altar no santuário, com sua chama transmutadora; e o outro da Fonte de Chamas nos jardins. Eles convergiam para formar o braço horizontal de uma cruz, enquanto eu permanecia na linha de luz descendente. Dentro dessa poderosa cruz iluminada, tornei-me consciente dos níveis da alma e da consciência a um só tempo, e fiquei surpresa ao descobrir a clareza com que ela revelava uma percepção de minha vida na Terra.

Eu voltaria à profunda quietude do Templo, em meditação, muitas manhãs, para ser atraída até aquele poder purificador de luz. Aprendi durante esse tempo que uma mudança vinda de um nível de consciência afeta todos os outros níveis dentro de meu ser. Fiquei profundamente grata pelo isolamento e calma de meu lar na montanha, e, antes de partir, tomei providências para voltar no outono seguinte e ficar durante os meses de inverno.

No caminho de volta para casa, visitei amigos e parentes nos Estados Unidos e passei um mês intenso dando palestras e *workshops*. Em todas essas atividades, eu estava consciente de um fluxo de energias superiores que vinham através de mim para elevar e inspirar pessoas. Após a minha chegada em casa, na Escócia, os meses de verão se passaram sossegadamente. Houve tempo para escrever e pesquisar enquanto participava das atividades da comunidade. Nesse período, "H" escreveu-me do Brasil a respeito de palestras que estivera fazendo, freqüentadas por centenas de pessoas, e sobre retiros inspirados. Ele também escreveu acerca de um pequeno grupo que se reunira e estava planejando construir um centro de desenvolvimento da consciência nas montanhas, numa bela área doada para esse fim. Mês após mês, pude acompanhar por correspondência seus progressos e desenvolvimento.

Quando o verão terminou e se aproximou o momento de minha partida, recebi uma carta de "H" sugerindo que fosse encontrá-lo na Costa Rica para algum tempo de estudos juntos, ou, se fosse possível, que eu viajasse ao Brasil para visitar o novo centro. Meus planos já estavam feitos para o inverno na Costa Rica e não tinha nenhuma certeza de que deveria visitar outro país tão distante. Pensei sobre isso durante algum tempo e certa manhã pedi ajuda antes de começar minha hora de quietude. A resposta foi surpreendentemente direta e clara: "Sim, vá ao Brasil por um mês".

Na manhã seguinte à minha decisão, houve uma agradável reação de meu Anjo da Guarda: "Preparamos o palco com grande cuidado e observamos atentamente quando a carta chegou do Brasil, para ver se você pegaria a deixa. Sabíamos que esta era uma das decisões mais importantes que teria de tomar. Tudo dependia de sua boa vontade e presteza para dar este passo. Muito de seu progresso e de nosso trabalho dependia dessa decisão. A aceitação desta aventura será um importante passo em direção ao destino de sua jornada espiritual".

Vi, então, como as pessoas dessa terra tão distante haviam sido inspiradas a me visitar. Uma jovem voltara ao Brasil para ser parte deste grupo no Centro e se tornaria minha intérprete, o que me deu coragem e segurança para seguir nesta aventura. Assim, escrevi aceitando o convite, ajustando-o aos meus planos para o inverno e a primavera.

Capítulo 6

# EXPERIÊNCIAS DESAFIADORAS

As calorosas boas-vindas recebidas à minha chegada à Costa Rica e um glorioso dia de sol garantiram uma bela temporada de inverno. Era uma experiência maravilhosa viver na encantadora aldeia da montanha com seu povo amigável e sua inspiradora vista do Pacífico. Fiquei tão sintonizada com essa vida de paz, clima temperado e proximidade com a natureza que, pouco antes de minha estada chegar ao fim, decidi começar o processo para estabelecer residência aí, providenciando os papéis necessários. A maior parte deles veio sem dificuldades, mas havia um documento essencial que ainda não havia chegado até o momento de partir.

Enquanto isso, ao fazer os planos para minha visita ao Brasil, tornou-se claro que o melhor momento para ela seria após minha estada na Costa Rica, de modo que combinei minha chegada para o primeiro dia de abril e a partida para o dia trinta.

Ao chegar a São Paulo fui esperada no aeroporto por "H" e um grupo de amigos do pequeno centro, que me emocionaram com o enorme calor de sua acolhida. Viajamos através de uma bela paisagem de montanhas até o lugar onde o grupo vivia enquanto construíam o Centro. Um quarto fora preparado para mim e a nova aventura começou. A vida ali possuía uma rara qualidade de beleza, de criatividade inspiradora e de manifestação pura. A clareza das almas que iluminavam esse Centro irradiava um dom mágico de abundância que supria todas as necessidades. Essa interligação de almas se estendia para além do próprio lugar, pois as pessoas eram inspiradas a trazer ou enviar suprimentos que sustentavam e encorajavam os esforços concentrados do grupo. Todos trabalhavam juntos para criar um local de beleza e paz que inspirava as pessoas que vinham visitar e trabalhar ali. Aquele mês foi uma experiência muito desafiadora e um ponto alto em minha jornada interior. Quando me foi perguntado se poderia dar palestras em duas grandes cidades, imaginei um grupo de trinta ou quarenta pessoas, mas, na noite da primeira, havia perto de trezentas. O fluxo de energia durante a palestra era tão belo que comecei a sentir a direção de minha nova tarefa. Ela certamente iria requerer uma clara sintonia com outros níveis de consciência e exigir toda minha energia e talento.

Percebi, então, o enorme valor que tivera minha preparação na Costa Rica, proporcionando-me o tempo ideal para me recuperar numa clima temperado, experimentar a ligação interna com níveis superiores de consciência e adquirir a energia necessária às aventuras que ainda estavam para vir. Agora eu sabia por que minha residência lá não fora permitida.

O ambiente propiciava crescimento, tanto no nível físico como no da alma, que se apoiavam mutuamente com firmeza e objetividade. O desenvolvimento do Centro no Brasil progredia, na mesma proporção que o trabalho de cura no Templo. Ele continuava comigo nas meditações matinais onde quer que eu fosse. Desde o começo ele era uma luz de guiança em minha vida, partilhada com todos aqueles que apareciam para cura ou esclarecimento. Em muitos casos, vi essa cura em nível superior ser refletida em suas vidas. Meu Anjo da Guarda disse: "Você tem uma grande responsabilidade como catalisadora no trabalho do Templo, pois a vida de cada um que chega é elevada pela ligação poderosa; e nessa cura sua própria vida é incomensuravelmente fortalecida".

Durante os meses que se seguiram à descoberta da luz radiante que fluía do centro do Templo, houve uma mudança gradual na ajuda àqueles que vinham. Com cuidado amoroso eles eram guiados para as energias de cura mais adequadas às suas necessidades. Sempre que uma pessoa estava pronta para se ajustar às energias superiores, o som de um gongo suave as atraía para a inspiradora Cruz Luminosa com seu poder purificador. Alguns ficavam parados à sua frente, outros, mais preparados, entravam no seu coração. Às vezes, víamos uma indestrutível linha de luz, com seus raios de cura, descer para o corpo físico da pessoa.

Havia uma sincronia entre a experiência interna no Templo e a aventura no Brasil, na qual encontrei sempre segurança e cuidado carinhoso. Ambas me preparavam para aceitar e adaptar-me ao novo ambiente, cultura e modos de viver, com uma ampliação em meus horizontes. Passou-se algum tempo até que eu tomasse consciência de que toda essa aventura era um prelúdio necessário às mudanças que iriam ocorrer em minha vida. Comecei a perceber algumas indicações de que haveria um meio mais eficiente de curar e ajudar pessoas e fiquei imaginando o que estaria se desenvolvendo.

O primeiro sintoma de mudança me foi mostrado uma manhã, quando meditava no Templo, de forma cuidadosamente planejada para que eu tivesse um impacto duplo. No jardim, senti a presença de meu Anjo da Guarda e ouvi: "Todos aqueles que vierem agora ao Templo deverão ser ajudados a descobrir seu próprio santuário interno". Enquanto ouvia, veio-me a certeza de que cada pessoa tem um Guia maravilhoso para ajudá-la.

Ao entrar no Templo encontrei a luz radiante do Iluminado, que, por estar vindo agora tão raramente, deixou-me honrada com sua presença. Sempre que vinha, era para trazer uma mensagem importante. Enquanto esperava, sintonizando-me com as energias superiores, ouvi: "Existe na consciência de cada pessoa um centro interno que é um lugar de pura energia além da manifestação. Deixe que o trabalho do Templo mostre aos que o procuram a possibilidade de abrir-se à ligação com seu próprio centro, que é como um sol interior radiante. A claridade de sua luz e o calor de seu amor são sempre confiáveis".

Imaginando como poderia ajudar os outros a compreender isso, notei que duas pessoas, um rapaz e sua mãe, vinham lentamente em direção ao Templo. As grandes portas de luz abriram-se com um suave movimento de minhas mãos, e com gratidão e amor em meu coração. Quando eles entraram, houve uma onda de cor, luz e energias mais elevadas fluindo através deles. Logo tiveram consciência de seus próprios Anjos da Guarda, que indicavam o caminho até a área de luz voltada para os jardins, onde sua atenção foi atraída por uma pequena formação, semelhante a uma nuvem, fora do Templo. A mãe perguntou o sentido daquilo e seu Anjo da Guarda ajudou-a a compreender que eram formas-pensamento que haviam trazido com eles e que esperavam para ser esclarecidas.

Quando o rapaz perguntou como fazer o esclarecimento, seu Anjo da Guarda respondeu: "No centro de sua consciência existe um poder de transmutação. A tranqüilidade interior é necessária para atingir esse centro secreto. Gratidão e perdão são as chaves que abrem o caminho. Perdoar-se a si próprio e ser grato ao amor que cura desbloqueia o progresso espiritual". A mãe questionou o perdão a si mesma e o Anjo da Guarda continuou: "Perdoar traz libertação interior, abertura às energias superiores de conhecimento, fé e alegria, que através de seu coração e mente irão ajudá-la a enfrentar tudo o que vier com uma reação positiva e clara. Você pode escolher como reagir: se for positiva e sábia, encontrará nova liberdade interior e um fluxo de energias mais elevadas em sua vida e na partilha com outros. Isso abre o caminho para esta qualidade mágica e o poder de cura do puro amor, que vai curando você enquanto flui em direção aos outros".

Senti-me confiante ao saber que toda a ajuda necessária estaria disponível nessa nova tarefa e comecei a ficar mais à vontade com as mudanças que aconteciam. Foi muito mais tarde que reconheci a relação entre o esclarecimento de minhas próprias limitações e o que acontecia no trabalho do Templo. Ainda não descobri o que chegou primeiro, pois era como a história da galinha e do ovo. Teria sido a linha de luz que me ajudou a ver tão claramente as dívidas cármicas restantes, ou teria a mudança no processo de cura no Templo sido provocada pelo esclarecimento de minhas reações negativas?

À medida que chegava o momento de deixar o Brasil, vi-me concordando em voltar no outono seguinte para uma permanência de muitos meses. Um dia, antes de partir, estava numa encosta onde deveria ser construída a casa dos residentes. Senti-me profundamente inspirada pela magnífica vista das montanhas, céu e lago. "H" disse: "Aqui ficará o seu quarto". Mais tarde, quando tinha dúvida sobre essa aventura, precisava apenas olhar para trás, lembrando-me daquele belo momento de certeza, e me sentia novamente segura.

Certa ocasião, um amigo fez-me a seguinte observação: "Você está muito apegada ao Templo". Fiquei surpresa e um pouco aborrecida, pois eu não podia viver sem ele, além do que, naquele momento, eu me encontrava firme e confiante no serviço de cura pelo amor e luz interna. O Templo era, também, para mim, um refúgio na meditação, quando, pela sua radiância sábia e amorosa, me sentia protegida de toda e qualquer negatividade.

Na manhã seguinte, numa meditação especialmente clara, meu Anjo da Guarda salientou minha frustração e disse: "Você está sempre na aura de seu Eu Superior. Todos estão ligados com as belas energias de suas vidas. É para isso apenas que nesta hora, a cada manhã, você gradualmente deu sua atenção ao poder e beleza destas energias que são naturais nos níveis mais elevados da consciência. Nesta época, muitas pessoas estão sentindo uma inquietação interior enquanto começam a despertar para o processo evolutivo, trazendo consigo as belas coisas que criaram e os pesos cármicos que ainda não liberaram".

Voltei a ver mais claramente alguns desses apegos antigos que emergiam de minha herança cultural. De tempos em tempos, um padrão camuflado vinha à superfície de minha mente: era o desejo de mudar os outros, na crença de os estar ajudando a realizar as potencialidades que enxergava neles. Demorou muito para eu compreender que a verdadeira ajuda na vida está em aceitar as pessoas totalmente, tais como são, ao mesmo tempo em que as vemos na radiação de sua consciência superior assim como eu as via na meditação do Templo. Nessa perspectiva, a ligação entre nós se tornava mais aberta, permitindo que elas fossem inspiradas a despertar e concretizar seu plano de vida.

A meditação no Templo deu-me oportunidade de usar minha habilidade criativa mais efetivamente. Foi um lindo período no qual, todos os dias, meu corpo físico se relaxava, minhas emoções se acalmavam e minha mente se abria a uma clareza mais elevada. As energias de amor de cura no Templo estavam trazendo para o equilíbrio essas três partes, auxiliando-me em todas as áreas de minha vida. Nos níveis superiores de minha consciência não havia forças limitantes que eu pudesse distinguir. Este fora o cume de meu mundo até que me mostraram aquela poderosa linha de luz que, de muito acima, descia através do Templo. Compreendi que havia algo mais, e que deveria existir um nível de consciência ainda mais elevado. Isso trouxe um profundo desafio interno e uma descoberta maior a ser feita.

Na meditação, com a ajuda amorosa de meu Anjo da Guarda, era guiada sem perigo, enquanto me aventurava para a frente. Através das mudanças operadas em meu precioso Templo, ele me desafiava a progredir, a ouvir e a aprender, e também a praticar um modo de vida que me abriria mais amplamente para a ligação superior com aquela linha de luz. Vi que cada um de nós faz sua jornada interna mesmo que ainda não o reconheça. Cada um encontra os passos que são necessários: os passos preparatórios e os purificadores, acordando para o uso mais elevado de poder criativo e fonte ilimitada da energia disponível. Esta realidade requer a liberação de todo o lastro desnecessário, o encontro de nossa estrela-guia ou bússola interior, que nos fará navegar para a frente, com fé e alegria, no mar de luz, com a força do amor soprando as velas. Quando pensamentos e atenção estão focalizados na direção escolhida, o pequeno barco atravessará todas as tempestades e muitos dias gloriosos, tornando-se uma luz que guia os outros. Navegará apoiando, inspirando e manifestando a energia, o conhecimento, o serviço e a beleza necessários em direção a mares recém-descobertos da próxima Grande Era.

Nos sete anos de meditação no Templo eu aprendera um enfoque positivo em relação à vida, abrindo-me o melhor que podia para as energias e guiança que trouxeram respostas tanto no nível subconsciente quanto no da alma. A aventura com meu tornozelo me provara o poder da interligação, tanto verticalmente dentro de meu próprio ser como para fora em direção aos outros. Mas eu ainda descobria resistências escondidas, quando elas vinham à superfície e eu tinha de esclarecê-las. O passo seguinte a ser dado me era mostrado ora em sonho, ora numa situação montada pelo nível da alma. Às vezes, me surpreendia indo de encontro aos princípios espirituais que, durante anos, ensinara aos outros. Em tais momentos, meu Anjo da Guarda me lembrava: "Aquilo que você vê nos outros é algo escondido profundamente em seu próprio subconsciente. Isso ganha cores ao passar através do filtro de sua mente, e se reflete de volta para você em outras pessoas, como num espelho".

Para enfrentar os muitos desafios desta jornada interior, eu estava pronta a atravessar o que fosse necessário para que minha vida soasse verdadeira e clara. Havia uma pessoa em particular com a qual eu tivera um velho e profundo laço cármico. Ela era para mim um importante catalisador no processo de desenraizar expectativas escondidas, que me levavam a comparar e criticar. Felizmente, ela era sábia e forte o bastante para refletir de volta para mim os meus padrões negativos, até que pudesse ver meu ponto fraco e compreender por que reagira de modo tão imaturo. Para minha surpresa, no momento em que pude aceitá-la completamente, sem esperar que preenchesse minha idéia do que deveria ser feito, descobri que eram minhas próprias expectativas que causavam a negatividade. Todo o relacionamento se tornou claro. Senti-me livre e experimentei um amor maravilhoso e profunda paz em meu coração. Soube, num nível superior, que esse era um dos passos mais importantes de minha jornada. Como fiquei grata por ter-me libertado desse peso! Um amor mais elevado encheu meu coração e me deu a força de que necessitava para uma experiência muito maior que logo seria chamada a fazer.

Uma manhã acordei com a sensação de ter estado num lugar de grande luz e beleza. Na meditação que se seguiu, cheguei ao Templo e encaminhei-me para o centro, onde encontrei uma corrente de luz de cura que aumentava em poder e brilho. De pé, no âmago dessa luz, tornei-me profundamente consciente de estar cercada por vibrações superiores. Sentindo minha atenção atraída para o alto, olhei para cima e descobri a mim mesma sendo suavemente levantada até alcançar o Iluminado, que estava em pé num brilho tão claro que a princípio tive consciência apenas da luz. Gradualmente fui capaz de me ajustar às energias mais elevadas e pude ver que estava numa Catedral magnífica de luzes vibrantes. O Iluminado guiou-me para uma área tranqüila, onde me senti segura, mas, ao mesmo tempo, estranhamente distendida nesse corpo radiante de meu Eu Superior, que era muito mais claro e muito mais forte do que eu experimentara no nível do Templo.

Das profundezas de minha mente veio um conhecimento de que minha alma estivera vindo a essa linda Catedral para lições com esse Instrutor radioso, desde que eu vira pela primeira vez a linha de luz descendo através do Templo. Havia apenas uma sugestão de meu papel consciente em tudo isto – "Quando você, a 'mão' de seu Eu Superior, se tornou mais clara e leve, concedeu maior liberdade àqueles que a estão guiando, especialmente sua alma. Mas existem apegos sutis que você ainda tem de liberar antes que possa se movimentar seguramente para a frente".

Perguntei: "Como encontrarei o caminho para futuras liberações?" Instantaneamente me foi mostrado que, dentro do corpo sutil da alma, eu seria conscientemente conduzida a essa magnifica Catedral de Luz para lições. Silenciosamente, voltei ao Templo, onde permaneci por algum tempo no cuidado amoroso de meu Anjo da Guarda, até que terminou a meditação.

Durante as semanas e meses que se seguiram, o trabalho de cura no Templo continuou a tomar a maior parte de cada hora de meditação. Nessa experiência, meu Anjo da Guarda ajudou-me a suprir as exigências do dia, a esclarecer um ponto ou compreender um sentimento interior, quando um velho padrão surgisse do subconsciente. Nessa luz mais elevada, eu podia ver o resultado de um impulso negativo ou de julgamento e crítica aos outros. Havia momentos mais raros nos quais eu era inspirada a me concentrar no brilho da Catedral de Luz e me sentia elevada e mais preparada para as lições que me esperavam ali. Coisas de menor importância desapareciam, o corpo reagia com serenidade interior e a cadeia de pensamentos para os quais era atraída não exercia qualquer domínio sobre minha mente. Por vezes, em momentos de quietude, quando me concentrava nos níveis superiores, podia sentir as energias de cura atravessando alguma barreira interna. Havia coisas que tivera como certas durante toda a vida e que haviam sido importantes num estágio anterior, e que eu agora via como de valor relativo. A mente racional, quando usada corretamente, era um grande trunfo, mas também podia me levar a um labirinto de planejamento que cortava inteiramente a luz guiante, a fé e o amor transformador da alma, e a direção interior para um plano muito maior, assim como limitar o fluxo de alegria e luz do Espírito da Vida.

Parte de meu treinamento e preparação para trabalho ulterior continuou a vir em sonhos, abrindo a ligação para a guiança interior mais elevada. Entre os sonhos, havia um que me perturbava profundamente: andava a esmo num canto do jardim do Templo e comecei a sentir uma sutil mudança nas energias à minha volta. Finalmente, decidi entrar, mas, quando me virei para a entrada, assisti a uma cena espantosa – toda a bela estrutura de luz e cor do Templo ficava cada vez menor e senti que ele estava sendo absorvido por alguma força superior. Assombrada, fiquei olhando, até que se tornou tão pequeno que era como uma semente que poderia segurar em minha mão. Um forte vento soprou-a cada vez mais para o alto, até que desapareceu de vista. Acordei com uma sensação de grande perda.

Não pude voltar a dormir. Tentei pensar como seria um dia sem a maravilhosa inspiração do trabalho no Templo. Suas energias de cura partilhadas com muitas pessoas e as lições ali recebidas de meu Anjo da Guarda. Senti como se estivesse à deriva num mar de pensamentos. Guardando o quadro do Templo em minha mente, rezei para compreender o significado desse sonho. Imaginei se ele me haveria sido dado para que avaliasse a importância do Templo para mim; ele era o próprio centro da vida, como o coração em meu corpo, e a entrada para os níveis superiores de minha consciência.

Pela manhã, quando entrei em meditação, foi com tremendo alívio e alegria que o encontrei em seu lugar costumeiro. Ainda que o Templo estivesse tão brilhante como sempre, alguma lembrança recorrente do sonho vinha de tempos em tempos, como se contivesse uma mensagem que eu ainda não descobrira.

# Capítulo 7

## CONFIRMAÇÃO E TREINAMENTO ATRAVÉS DE SONHOS

Agora, neste período, uma mudança importante acontecia num plano diferente. O mês que passara no Brasil me dera um enfoque inteiramente novo, abrindo-me possibilidades até então inesperadas. Durante todo o verão na Escócia, a correspondência do Brasil me mantinha sintonizada com o progresso dali. O programa do Centro de Nazaré chegou com uma lista de atividades para o ano seguinte, incluindo um forte esquema de *workshops* nos quais eu participava e planos de viagem para palestras em várias cidades.

Logo chegou o momento de voltar ao Brasil, onde as pessoas do grupo que me havia recebido já eram minhas amigas, e senti-me inteiramente em casa. A primeira semana na paz e harmonia do Centro me induziu a um padrão de vida organizado, no qual era cuidada de modo perfeito. Tudo era realizado com graça e simplicidade e num espírito de amor e alegria. Ao mesmo tempo encontrei um desafio duplo em minha vida: numa poderosa interligação no nível da alma, "H" e meu Eu Superior me pressionavam para abandonar mais meu apego às coisas materiais de modo que pudesse seguir um caminho mais elevado e desenvolver um potencial maior. Embora naquele momento não compreendesse para que estava sendo preparada, queria essa ajuda e amava o desafio; portanto, essa pressão era inteiramente bem-vinda, mas, por duas vezes, tive de pedir um descanso para um estudo mais profundo.

Uma amiga levou-me a um lugar tranqüilo, para uma mudança de ares, e esta pequena interrupção teve o efeito de um encantamento. Depois de alguns dias, estava inteiramente preparada para o próximo passo da escalada. O primeiro período de repouso teve resultados muito mais amplos, o que conscientizei mais tarde como parte importante do plano divino. Em seguida, hospedei-me por uma semana numa linda casa de amigos. Os dias se passaram sossegadamente e gozamos tranqüila partilha. Por detrás das suaves atividades do dia, as coisas se moviam em outros planos. Cada manhã, à mesa do desjejum, encontrava-me desafiando meu anfitrião a procurar um sentido mais profundo para sua vida e a tomar consciência das possibilidades que esta encerrava. Iluminando-nos no nível da alma, meu Eu Superior falava através de mim com profunda compreensão e grande cuidado amoroso. Numa espécie diferente de experiência, algo semelhante se dava entre minha anfitriã e eu, como se juntas levantássemos a perspectiva de vida para um novo enfoque positivo, e ela também descobria uma realidade mais alta. Algum tempo depois, meu anfitrião, com suas capacidades e a experiência de toda uma vida de serviços leais, era levado a um importante trabalho internacional. Na mesma ocasião, ele e sua esposa logo abriram sua casa a grupos que vinham ouvir fitas e palestras e partilhar de programas de estudo.

Minha programação me levou para o norte, até a Bahia, por duas semanas, para dar *workshops* e palestras, no período mais quente do verão. O fato de eu haver chegado recentemente do frio inverno do norte da Escócia causou alguma preocupação. Mas, com apoio total em todos os níveis de consciência interna, pude atravessar toda a aventura a salvo. Aprendi que, quanto maior for a boa vontade em doar-me totalmente, tanto maior também será o influxo de energia que me sustenta.

Na véspera do Ano-Novo, fizemos uma vigília durante toda a noite no Centro. Nessa experiência de unificação e meditação, senti a presença daqueles que estavam iluminando minha vida, e, durante a noite, foi-me mostrado que chegara o tempo de realizar outra mudança importante. Estava claro para mim que deveria deixar meu lar na Escócia e procurar residência no Brasil, onde havia um trabalho desafiador a ser feito. Bem cedo, na manhã daquele dia de Ano-Novo, meu Anjo da Guarda apresentou-me isso como um passo claro e simples a dar.

No Centro, quando partilhei essa orientação interior com "H" e o grupo, a reação veio com alegria tão genuína que soube ser esta a coisa certa a fazer, e descobri também que eles haviam estado esperando tranqüilamente que isto se manifestasse como parte do plano maior. Começamos a dar os primeiros passos para obter o visto de residência, mas, nas semanas que se seguiram, as complicações aumentaram.

Minha estada no Brasil foi repleta de atividades, que incluíam *workshops* de fim de semana, entrevistas, agradáveis partilhas de ensinamentos com particulares ou em grupos, e uma série de conversas em Nazaré e nas grandes cidades. Sabia que meu pedido para ser levada ao lugar onde meus melhores serviços pudessem ser prestados havia sido certamente atendido e se tornara uma realidade. Havia uma linda energia positiva em todas as fases de minha vida, grandemente ampliada pela hora de meditação e cura no Templo da Totalidade e pela guiança de meu Anjo da Guarda.

Quando chegou o momento de voltar à Escócia para obter meu visto de residência, deram-me o nome de um funcionário no Consulado do Brasil a quem eu deveria enviar todos os papéis reunidos. Assim que recebeu a documentação, telefonou-me para dizer que era necessário apenas o passaporte e uma carta de alguma autoridade do governo brasileiro declarando o tipo de visto que me estavam dando, e que esperava fosse o de permanência. Os outros papéis eram dispensáveis. A correspondência foi e veio do Brasil, mas eu ainda não recebera a carta necessária. Como já se aproximava o momento de voltar, fiquei imaginando o que fazer.

Em resposta ao meu embaraço, tive um sonho, no qual vi uma bela ponte em arco, construída com raios de luz. Aproximei-me dela, mas, assim que pisei no primeiro raio, toda a ponte desapareceu, exceto o que lhe seguia. Ao pisar no segundo raio, o seguinte apareceu exatamente adiante. Como isto continuasse, sabia que sempre haveria outro raio à minha frente. Quando acordei, a lembrança da ponte inteira continuava comigo. Pelo correio, nesse mesmo dia, havia um cartão de "H" com a imagem de uma ponte exatamente igual à do meu sonho. Esta era uma bela confirmação de que o caminho estaria livre, de modo que continuei com o planejado. Vendi minha casa, embalei as coisas para serem despachadas, pus em dia toda a correspondência e todos os detalhes para tal passo; mas a carta para o visto ainda não chegara. Recebi um telegrama dando-me instruções para voltar com outro visto de turista, que foi obtido facilmente,

Logo estava de volta ao Brasil com meus amigos, mas ainda temporariamente. Com o apoio das energias do Centro de Nazaré, vi-me diante de uma nova e preciosa experiência que aconteceu durante o meu período matinal de meditação. Algumas manhãs, em vez do trabalho usual de cura no Templo, sentia-me atraída diretamente para a poderosa Linha de Luz, onde esperava confiantemente reajustar-me às energias. Em pouco tempo era levada à consciência da Catedral, onde o Iluminado me aguardava para abrir novas vistas e lampejos de uma realidade maior. Cada vez que vinha para uma lição ficava mais à vontade nesse nível, com a sabedoria reveladora do significado da vida na Terra. Nestes anos especiais, deixamos a velha e individualista Era de Peixes, com seus medos e desigualdade, em direção à Era de Aquário, abrindo a ligação com a transformação amorosa, a intuição e as qualidades do Eu Superior e levando-nos ao encontro do Espírito da Vida que habita nosso corpo e mente. Mais importante do que qualquer outra coisa que eu experimentara, eram as qualidades do amor, alegria e luz, elevando os níveis inferiores de consciência. Estava sendo guiada de modo muito agradável, em aventuras pouco prováveis em anos anteriores. Em preparação para o trabalho maior, o Iluminado disse: "À medida que você aprende a liberar limitações de sua personalidade, estará usando sua preciosa energia e tempo mais sabiamente".

Nessa ocasião tomei consciência das mudanças rápidas que estavam acontecendo nas mentes, corações e consciência de muitas pessoas. Garantiram-me: "Tudo isso é parte do plano divino". O tempo e o espaço terrestres não constituem limites para a alma. Quando existe cooperação e boa vontade, a interligação no nível da alma encontra uma maneira de conduzir as pessoas, através de longas distâncias, sempre que um serviço maior e um efetivo progresso espiritual forem necessários. O fruto dos últimos dois mil anos nos traz a semente que gera a etapa seguinte do crescimento interior, fazendo pressão para ser reconhecido em todas as pessoas que estão atentas. Como foi predito há milhares de anos atrás, o "sol do Espírito" está se levantando. Por todo o mundo, das grandes cidades até as aldeias mais remotas, as pessoas estão sendo acordadas por um impulso interno; um dom especial, ofertado com grande amor pela humanidade. Muitos, através de meditação, oração, ou segundo seu próprio método de aquietamento, estão abrindo a ligação unificadora com a alma, permitindo que a mente consciente desperte, inspire-se e se esclareça sobre o trabalho maior que é essencial agora. Milhares de indivíduos receberam este fato com alegria, mas, para aqueles que se apegam aos velhos padrões, estas mudanças na consciência podem ser uma ameaça. Mas uma nova e poderosa luz refulge, trazendo grandes acontecimentos, mensagens de esperança e maravilhas da natureza, ciência e pesquisa espacial através do rádio, televisão e noticiário, mesmo entre os programas de natureza sensacionalista e trágica.

Sinto esta mudança na consciência como se entrasse num avião para um vôo, confiando no piloto e em todos os que cuidam da viagem. Estes vôos levaram-me a maravilhosas aventuras em muitas terras e em áreas de consciência que alargaram minha visão da vida. Através do espaço interno tanto quanto do externo, nosso mundo está rompendo rapidamente as fronteiras limitantes em todos os níveis.

Muitos perguntam como superar esses limites para atingir a beleza da alma e das energias criativas dentro de nós, em sintonia com o nível superior da consciência. Descobri que isso exigia aprendizado para purificar o corpo e a mente. Alimento simples e natural é um trunfo, e perdão total libera o caminho para o uso perfeito de uma mente clara com reações positivas a tudo o que chega. Reações negativas, tais como culpa, arrependimento, preocupação ou medo, são como grades de uma prisão que nos impomos até que acordemos e encontremos a chave da porta libertadora. Concentrar nossa energia no momento presente permite que tudo na vida se torne um processo de aprendizado. Isto dependerá de um bom desempenho em relação aos nossos compromissos e do desapego às coisas materiais, aprendendo a usá-las sabiamente.

Durante esse período de preparação, os sonhos tiveram, mais uma vez, um importante papel, indicando passos decisivos em minha vida. Por mais pesadas que sejam nossas barreiras ou resistências internas, aqueles que nos guiam podem nos alcançar através de sonhos. Prestar atenção aos sonhos e trabalhar serenamente com eles na elucidação de suas mensagens nos leva à descoberta de um grande acervo de conhecimentos, mistérios e tesouros. Se necessários à nossa compreensão, alguns serão repetidos, ao passo que outros são tão vívidos e fortes que ficam claramente na memória e, quando percebemos seu significado, eles atravessam o véu da dúvida. Descobri também o poder inerente às instruções dadas ao subconsciente antes de dormir, expressando a necessidade de lembrar e registrar sonhos importantes. Isto libera o caminho para lições internas e guiança protetora, permitindo que o sonho seja como um mapa para nossa bússola interior. Assim, a ligação se torna cada vez mais forte, permitindo à força espiritual de nosso ser, como o vento que sopra a vela, conduzir-nos mais rapidamente na direção escolhida. Podemos também receber orientação mais clara em nossas horas de vigília, o que nos ajuda a permanecer no curso que escolhemos para nossas vidas.

A parte supraconsciente de nosso ser, com sua visão mais elevada, pode guiar-nos através de sonhos e nos inspirar para os acertos necessários, de modo que não permaneçamos limitados por nossa visão parcial, nosso conhecimento e experiência inadequados, ou, ainda, nossos pequenos medos e reações negativas que tão facilmente nos desviam de nosso curso. Nas horas de quietude matinal, às vezes um sonho me ajudava a compreender uma lição, ou me encorajava a cooperar ao assumir um compromisso. Gradualmente, isso resultou numa maior segurança e liberdade interiores, tornando-me mais aberta ao trabalho superior.

Certa manhã, veio-me uma lembrança de infância na Nova Inglaterra, onde nas frias noites de inverno, quando a lição de casa já estava feita, eu gostava de sentar-me perto do fogo acolhedor da lareira e juntar as peças de um quebra-cabeça, vendo o quadro emergir com suas lindas cores. Às vezes, o quebra-cabeça vinha numa caixa com a figura na tampa, e outras vezes, à medida que as peças se juntavam, eu tinha de imaginar como seria a figura. Muitos anos mais tarde, ao usar a imaginação para me elevar ao nível superior, era como se visse, de uma perspectiva mais elevada, as peças de minha vida sendo reunidas.

Naquela noite, tive uma experiência num sonho, no qual via as peças de um grande quebra-cabeça sobre uma mesa com um tampo transparente. Só que, em vez de ver o quebra-cabeça de cima, eu estava sob a mesa, vendo o lado sem cor das peças. Passando o braço por sobre a borda da mesa, trabalhei firmemente, durante um longo tempo, tentando colocar as peças em seus lugares. Estava fascinada com o desafio, mas havia um progresso muito pequeno. Muitas peças pareciam iguais e, embora descobrisse que eram todas um pouco diferentes, sem as cores para me ajudar o esforço despendido era tremendo. Finalmente, chegou à sala um sábio e, vendo minha dificuldade, sentou-se ao meu lado para ajudar-me. Explicou que, em vez de lutar sob a mesa, eu deveria me levantar e ver as peças de cima. Ao tentar fazer isso, ele me ajudou a erguer-me e, ao ver as peças com suas cores brilhantes, senti uma grande alegria e acordei.

Quantas vezes meu Anjo da Guarda, como o sábio no sonho, viera para auxiliar-me a ver de um plano mais elevado! Era interessante seguir a seqüência de acontecimentos usados para me levar a dar um passo importante. Vi como a recordação daquela experiência na infância me levara até o sonho, no qual meu Anjo da Guarda mostrava o valor de me permitir ver, na meditação, as peças de minha vida de um plano mais colorido e verdadeiro e, assim, receber ajuda para colocá-las no lugar mais facilmente.

Alguns sonhos mostraram-me algo que deveria estar fazendo, estimulando-me a agir, e, por vezes, pressionando-me a assumir o controle de meu eu relutante, ou, ainda, a debruçar-me sobre um projeto necessário em determinado momento. Meu Anjo da Guarda usou um sonho deste tipo para quebrar uma resistência que eu criara. No sonho, eu estava num grupo de mulheres e crianças que pareciam não ter interesse ou direção em suas vidas. Aparentemente, elas haviam estado em letargia há muito tempo e eu fora enviada para despertar seu interesse, ajudando-as a descobrir seus talentos escondidos e usá-los de modo construtivo. Tentei desafiá-las com idéias, mas não houve reação e senti que lutava inutilmente. Tentei então captar a atenção das crianças, pois elas seguiam o padrão dos adultos em sua atitude desatenta. Não estavam nem mesmo interessadas numa história que comecei a lhes contar. Logo me veio uma idéia à mente: pensei que, talvez, as mulheres pudessem tricotar para seus filhos algo que não exigisse muita energia. Minutos mais tarde, houve um movimento e alguém apareceu com novelos de fios coloridos, agulhas de tricô e modelos simples encantadores. A princípio, poucas mulheres mostraram algum interesse ao ver os modelos atraentes que podiam fazer. Algumas pediram para aprender a tricotar e isso motivou as crianças também. Elas me deram o modelo de uma bela gola de crochê, e, embora não tivesse a agulha apropriada, comecei a estudá-lo atentamente.

De repente, houve uma mudança na energia; duas mulheres que não estavam interessadas em tricotar despertaram e começaram a cantar uma linda canção e a dançar animadamente, como se fosse um ritual ou uma história de suas vidas. Percebi, então, que apenas falara, mas não fizera nada efetivamente. Assim que decidi crochetar minha gola, acordei.

Naquela manhã, na minha hora de quietude, o Iluminado apareceu com a mensagem: "O crochê é como escrever este livro para ajudar os que procuram se tornar mais conscientes de seu próprio potencial e das grandes oportunidades à sua disposição. À medida que aprendem a abrir a ligação com o nível superior de sua consciência, em períodos regulares de meditação, ou num momento de avaliação honesta das reações do dia, vão se preparando para reprogramar os condicionamentos que não desejam mais em suas vidas. Enquanto procuram esta ajuda interna, descobrirão a deliciosa experiência da sintonia com as energias superiores, que lhes permitirá revitalizar seus padrões de vida".

Mostraram-me então um padrão intricado de uma experiência frustrante para mim. A idéia de escrever este livro me viera em diferentes estágios, com longas pausas entre eles, nas quais uma série de experiências de vida haviam ocorrido e as lições aprendidas postas em prática, até se tornarem incorporadas. Só então aquela parte do livro podia ser escrita. Durante essas pausas, nas quais novas lições eram apresentadas e vividas, sentira uma real resistência para escrever. Minhas tentativas de fazê-lo eram como as do sonho em que, por sobre a borda da mesa, procurava colocar as peças do quebra-cabeça no lugar. Partindo do plano inferior, não havia fluxo de energia. Constatado esse fato, seguia-se o verdadeiro desafio, que era o de me inspirar para começar a escrever outra vez. Era necessário dar arranque ao motor e aqueles que me guiavam de um plano mais elevado tinham de encontrar algo para desencadear em mim o impulso para escrever. Vi, então, que o sonho indicava outro ponto de partida e novamente a escrita fluiu facilmente, tornando-se uma prioridade, com a ajuda definitiva de meu Instrutor Interno, que nesse momento específico era meu Anjo da Guarda.

Durante esse período, encontrei ajuda extra também do Iluminado, que aparecia com mais freqüência na hora de quietude. Uma noite tive um sonho claro que o ligava com o grupo no Centro: eu estava com todo o grupo num lugar nada familiar, onde parecia haver uma festa de carnaval. Havia um grande balão com uma barquinha, da qual um homem de aparência estranha me chamava, convidando-me para subir e ver tudo o que acontecia embaixo. Senti algum interesse, mas, justamente quando estava para entrar na barquinha, com meu pé no primeiro degrau da escadinha, uma voz interior disse: "Este balão nunca voltará à terra". Ao olhar para o homem na barquinha acima de mim, senti um arrepio me atravessar o corpo. Hesitei e disse: "Tenho um compromisso muito importante com Nazaré". Ele respondeu: "Entre depressa, estamos partindo, você não tem tempo para indagações. Viemos para salvá-la". Por um momento não soube o que fazer e me questionava se seria aquela uma experiência espiritual. Instantaneamente, voltei-me para o Iluminado e perguntei: "Onde está a Linha de Luz?" Imediatamente ela apareceu sobre mim e moveu-se lentamente para longe. Voltei-me e segui-a até que cheguei a "H" e ao grupo. Nada fora dito e não sabia se eles haviam querido que fosse nessa aventura. Imaginava se perdera alguma oportunidade espiritual. Enquanto ficamos ali observando, o balão subiu e, depois de um curto tempo, explodiu, transformando-se em chamas. Acordei, sabendo que tomara a decisão certa e que temos à nossa disposição a ajuda necessária a cada momento.

Em seguida, na minha meditação, o Iluminado disse: "Nas mais terríveis circunstâncias e nas maiores decisões estou com você. Minha luz guia o caminho que pode seguir a salvo. A alma iluminada do Grupo de Nazaré também está com você em cooperação no trabalho maior que deve ser feito. A ação nos dois níveis está interligada neste momento. Sempre que você estiver consciente de minha presença, experimentará uma profunda paz interior, que a libertará para a tarefa mais vital. Existe também uma ligação com o grupo superior com o qual será seu privilégio trabalhar. Mas isso somente será possível quando você estiver preparada, com completa colaboração e leal apoio".

Pouco tempo depois, na meditação, cheguei à Catedral de Luz, onde o Iluminado me encontrou e guiou-me para uma área ampla e inspiradora. A força aumentava à medida que nos aproximávamos do centro desse local luminoso. À nossa frente, no meio da Catedral, havia uma abertura através da qual a bela linha de luz fluía para baixo. Vi esse brilho cheio de energia irradiando sobre o Templo, onde parecia se transformar e, então, seguia para baixo, até atingir meu corpo físico. Acompanhei a trilha de luz novamente para cima, até o espaço aberto à nossa frente. Lentamente meu olhar subiu, até que vi bem no alto uma luz de majestosa beleza. Do seu âmago vinham raios de cor radiante. Contei sete raios distintos de luz, como cores vindo através de um prisma, e vi que vinham de uma fonte ainda mais elevada, muito além da minha capacidade de discernir.

No silêncio, comecei a compreender que essa Linha de Luz, que sempre pensara vir da Catedral, continha um poder, uma beleza sublevadora da alma e um mistério que, até mesmo na clareza que experimentei ali, era demasiado profundo para minha compreensão. Finalmente, cheia de respeitosa indagação, voltei-me para o Iluminado, que parecia estar esperando por minha atenção. Ele disse: "Nenhuma luz exterior pode se igualar à luz que vem do centro de seu ser, uma luz para a qual você pode voltar-se a qualquer momento. É um raio de força, equilibrado por grande amor, que purifica e cura no momento em que é contatado".

Permaneci contemplando-o durante muito tempo depois dessa experiência de meditação, sentindo-me, depois, impelida a ir até a janela de meu quarto e abrir as persianas. Diante de mim, no céu do amanhecer, estava a

luz muito brilhante de um planeta solitário, tão simbólico da luz resplandecente que vira na Catedral, na quietude daquela manhã. A beleza dessa luz
deveria ficar comigo durante um período em que me vi diante de uma desafiadora experiência, que me levou a uma mudança importante.

*PARTE II*

## PERÍODO DE TRANSIÇÃO: GUIADA PELO ILUMINADO

# INTRODUÇÃO

Uma energia inspiradora introduziu-se em minha tranqüila meditação, elevando-me suavemente, como num sonho, para uma área de bela luminosidade azul. Um Ser radiante veio ao meu encontro e mostrou-me uma cena de tal poder e beleza que minha atenção ficou completamente imobilizada. Encantadoras planícies e um vale com pequenas colinas e pináculos apresentavam-se em tonalidades de azul. Um dos pináculos era mais radiante que todos os outros e senti um profundo impulso interior atraindo-me para aquele magnífico cume que se destacava de encontro a um ensolarado céu azul-claro. Perguntei se era possível subir naquele lugar gloriosamente inspirador.

A resposta foi: "Este é um grande desafio, pois o caminho requer enorme coragem e fé, mas eu a guiarei se souber que é a coisa certa para você, o que ninguém mais pode saber, pois o conhecimento está apenas dentro de você. Posso guiá-la pelo caminho, se estiver pronta para atravessar o profundo vale que está entre você e a grande experiência inspiradora, para a qual está sendo chamada".

Felizmente eu não tinha nenhuma idéia do que jazia à minha frente quando alegremente pedi ajuda para ser guiada até o glorioso cume à nossa frente. A única instrução dada antes que começássemos a jornada foi: "Em nenhum ponto é seguro voltar".

Andando a meu lado, esse Guia encantador mostrava o caminho através de áreas ensolaradas que se elevavam gradualmente, até que atravessamos uma passagem nas montanhas, onde começamos uma descida bastante íngreme. Não havia a sensação do esforço que era preciso, mas exigiu uma coragem que não permitia hesitações. Agora, bem rapidamente, estávamos descendo para um vale que se tingiu como o azul acinzentado do poente. Chegamos então à estreita entrada daquilo que parecia ser um túnel, e aqui meu guia parou e me deu instruções claras e simples: "O caminho é estreito e a profundeza à sua frente arriscada. Não posso andar a seu lado, mas segui-la-ei. Esta parte da jornada requer completa concentração da atenção. Você deverá encontrar o caminho na profunda escuridão através de pontos de luz sobre os quais deve pisar. Em nenhuma circunstância fale ou olhe para trás. Concentre sua inteira atenção em cada passo à sua frente, e, eventualmente, você chegará à luz de novo, onde o grande brilho do cume pode ser visto. Dou-lhe uma palavra de encorajamento: 'Quando você estiver atravessando este vale, com sua profunda passagem em túnel, você nunca mais terá medo ou sentimentos negativos e obscuros, pois, dentro desta experiência, uma nova luz interior e uma nova força lhe serão dadas'."

Dirigi-me então para a frente, escuridão adentro, encontrando diante de mim quadrados de luz sobre os quais pisava cuidadosamente, certificando-me de colocar cada pé no centro da luz. Gradualmente, à medida que a luz se tornava menor, cada quadrado de luz também diminuía. Felizmente fui capaz de enxergar, embora a área de luz fosse a metade da área do quadrado sob meus pés. Este conhecimento e a lembrança do majestoso e fulgurante Pináculo deveriam ser as coisas que me salvariam enquanto caminhava na total escuridão. A luz em cada quadrado se tornava cada vez menor, até que, durante muito tempo, havia apenas pontinhos de luz guiando meus passos, um por um.

Minha atenção estava inteiramente concentrada em cada ponto de luz e, somente quando pisava sobre um deles, podia enxergar o seguinte. Sentia-me muito isolada e só, pois não havia nenhum som nem vibração daquele que me guiava, e minha única garantia era – "Eu a seguirei". Mas, durante esse silêncio que se aprofundava, havia algo mais; alguma guiança invisível que eu não podia discernir.

Gradualmente, uma luminosidade vaga começou a aparecer e a luz nos quadrados se tornou um pouco mais clara. Durante o que me parecia um longo, longo tempo, andei para a frente. Lentamente, pouco a pouco, a luz aumentou, até que os quadrados se tornaram visíveis de novo. Esse foi um dos momentos mais difíceis, pois a luz era suficiente para que eu visse, e a tentação de olhar para trás e ver se meu Guia estava comigo era muito grande. Para dominá-la, coloquei minha inteira atenção nos quadrados, contando-os um a um, quando, de repente, olhei para cima e vi luz outra vez. Saí em direção a ela num instante de glória – o grande cume brilhava acima de mim em sua magnificência. Agora, mais uma vez, meu Guia estava a meu lado, com um simples aceno de aprovação. Sentindo uma linda e elevada energia e sabendo que a parte mais difícil da jornada estava terminada, apressamo-nos para a frente, em direção ao Reino da Luz Azul.

Capítulo 8

## GUIADA EM SONHO E VIGÍLIA

A aventura no túnel voltava continuamente à minha memória, mas havia algo que não podia lembrar. Algumas manhãs mais tarde, encontrei-me vivendo novamente a experiência, mas num enfoque inteiramente novo. Desta vez eu estava cheia de luz e consciente de uma parte mais elevada de meu ser movendo-se comigo acima do túnel, na área de uma bela luz. Uma conexão misteriosa ligava as duas partes de minha consciência, como se o Eu Superior estivesse guiando meus passos, e, quando saí do túnel para a luz gloriosa, ambas as partes de mim mesma estavam unidas num todo perfeito. Partindo do alto do Pináculo de Luz Azul, alcançaram-me estas palavras:

"Quando um salto quântico é realizado conscientemente, ele dá um novo poder interno de amor curativo, trazendo mais alegria e luz do Espírito, para perceber e clarear as regiões escondidas de escuridão e medo e as ligações com velhos padrões que emergem do subconsciente. Há também uma maior libertação daquelas coisas que tentam se agarrar e ampliar-se ou justificar-se em sua vida."

Este salto para a tomada de consciência era algo que eu sentia como uma pressão vinda de dentro, parecendo o prenúncio de outra mudança. Fiquei imaginando o que ela significaria em minha vida e quando apareceria. Naquela noite, um primeiro passo em direção a esta mudança foi revelado num sonho: com um pesado fardo de objetos em meus braços, vinha eu pela rua em direção a uma casa onde parecia estar morando. Ao ajeitar o fardo para pegar a chave que abriria a porta, descobri uma estreita passagem à esquerda da casa. Fui em sua direção, imaginando por que nunca a notara antes; então vi que algumas trepadeiras haviam sido cortadas de modo que essa passagem ficasse visível. Deslizando por ela, cheguei a uma porta que, para minha surpresa, abriu-se facilmente para um pequeno vestíbulo. Ali, através da janela eu podia ver a cozinha ensolarada. Havia outra porta que pensei estar trancada, mas, quando a empurrei, sua tranca se abriu e exclamei: "Está trancada por fora!" Entrei na cozinha e, com alívio, descar-

71

reguei o fardo de objetos pesados que estivera carregando. Queria abrir um embrulho determinado que alguém me dera, mas havia apenas o tempo necessário para ir a um encontro; rapidamente, saí pelo mesmo caminho por onde entrara, trancando a porta por fora. Segui meu caminho ainda pensando em como a porta fora trancada, quando acordei.

Durante o dia procurei alguma compreensão deste sonho, e a lição que sabia estar trazendo para mim. A única pista sugeria que as trepadeiras eram as ilusões que haviam sido cortadas, de modo que eu fosse capaz de ver minha vida e meu trabalho mais claramente. Nessa noite, com a questão ainda persistindo em minha mente, perguntei em silêncio o que é que estaria tentando vir à tona. Em vez de dormir, encontrei-me revivendo o sonho numa intensa vigília de toda a noite, que, através das horas, apresentou-me algumas perguntas importantes e prioridades mais claras que me ajudaram a quebrar um padrão de trabalho que não era mais exigido.

Na tranqüilidade daquela longa noite me foram colocadas três questões: a primeira foi à entrada para aquela passagem, onde uma voz interior perguntou: "Por que você está indo nesta viagem de trabalho?" Esta era certamente uma pergunta estranha, uma vez que eu programara ir dentro de alguns dias a outra cidade por uma semana, onde me encontraria com pequenos grupos, para o desenvolvimento do trabalho lá, e até já tinha a passagem de avião. Quando perguntei o que significava esta pergunta, o Iluminado, que me guiava durante essa noite, explicou ser necessário que eu abandonasse diversas atividades, inclusive esse trabalho planejado, revelando-me que eles eram uma parte do fardo que descarregara no sonho. Havia a sugestão de algo mais importante que estava para acontecer e que haveria de exigir meu tempo e energia.

Nessas horas foram-me dadas lições de preparo para algo que viria, mas nenhuma indicação me foi dada sobre o que haveria de ser. Numa das lições senti um pêndulo que oscilava no fundo de mim mesma – dos padrões negativos, emocionais, que desperdiçam preciosa energia, ao intelecto que pensou e falou da vida, mas não a viveu realmente. Em algum lugar, entre as oscilações, havia um centro, uma área de perfeito equilíbrio relacionada com o coração; um centro sereno que trazia a semente de toda a essência que foi reunida no passado e os tesouros sendo criados para o futuro.

Uma lição mostrou-me o caminho simples do fluir das energias espirituais que estava profundamente escondido nos dogmas e superestruturas de religiões e crenças intelectuais, através das quais as pessoas tentam encontrar seu caminho. Essa lição terminou com a mensagem: "Um Grande Espírito de Vida flui através de todas as pessoas. Ele mantém o conhecimento do reino interior e o poder dentro de cada pessoa, esperando para ser descoberto através da radiância interna e do serviço amoroso. Esse Espírito é ilimitado; um incansável poder dentro do átomo e da célula, que a conduz à perfeição."

Descobri que a consciência é clara, direta e simples quando vista de um nível superior, porém pode se tornar profundamente complexa em nossas vidas, quando é dividida em compartimentos, cada um com seu próprio padrão de qualidade, sem que sejam capazes de se manter isoladamente. A interconexão de tudo isso lutava para guardar o seu lugar holístico em minha mente. Comparei isso ao corpo com um coração, cérebro e pulmão, cada um fazendo a sua própria experiência, porém nenhum podendo funcionar sem os outros, pois todos estão interligados pelo magnífico Espírito de Vida, com sua energia fluindo através de cada célula e átomo no corpo.

Em meio às lições com que me presentearam, veio um pensamento sob formas diferentes que desafiava minha mente: "Sua experiência está fundamentada num mundo tridimensional, e é difícil aceitar a realidade de uma direção que não esteja contida no espaço, mas que lhe seja adjacente, assim como um quadrado é uma extensão de linhas e um cubo uma extensão de quadrados. Sua idéia de espaço é apenas uma parte de um todo maior, apenas aquela parte que seus sentidos limitados são capazes de aprender. Dimensões além da terceira podem não existir para a sua mente lógica, mas sua falta de percepção não altera o que ocorre num padrão evolutivo desconhecido. Você vê um pequeno botão numa planta como tridimensional, mas a dimensão de toda a flor desabrochada — uma quarta dimensão — ali está, esperando para ser preenchida no plano físico. Sua personalidade é como um quadrado, mas, quando aberta para energias mais altas de capacidade criativa, ela se expande para ser como um cubo que se pode ver de uma região mais alta. Esse espaço mais alto faz com que a personalidade pareça muito limitada em poder e conhecimento, mas contém a promessa de progresso eterno. Um espaço mais elevado é experimentado pela borboleta, embora para a lagarta esse mesmo espaço não seja perceptível".

Isso me trouxe à mente um poema que expressa tão bem a abordagem de algumas pessoas em relação à Supraconsciência. (Escrito por Mary Spain – *Science of Thought Review*, setembro-outubro de 1987.)

Duas lagartas alimentavam-se sobre a folha,
Ruminando o seu bem comum,
Confiantes, enquanto mastigavam, na partilhada crença
De que nada realmente importa quando se tem
Um bom suprimento de alimentos para passar
Os momentos de mastigação. "Quem pediria
Por coisa melhor para ocupar o seu dia?"
Elas refletiam antes de retornar à sua tarefa.

Acima delas, bailando alegremente no céu
Com suas asas carmim, as lagartas viram
Uma resplandecente borboleta, iluminada pelo sol.
Olharam-na com um misto de medo e reverência.
"Que bobagem", zombou uma delas, "você acha
Que alguma vez eu arriscaria minha vida numa coisa assim?!"

Mostraram-me a senda simples do fluxo da energia espiritual que está profundamente escondida nos dogmas e superestruturas da religião e do intelecto, através da qual as pessoas tentam encontrar o seu caminho. Este único Grande Espírito que flui através de todas as pessoas mais uma vez traz o conhecimento do reino interior, e o poder dentro de cada pessoa que espera para ser descoberto em esplendor interno e serviço amoroso. Esta lição acabou com a mensagem: "O glorioso Espírito da vida que flui através da consciência é o ilimitado, incansável poder dentro do átomo da célula e que a está sempre conduzindo, imperceptivelmente, à perfeição".

Cheguei então à porta onde a segunda pergunta foi feita:

"Você desistirá de boa vontade dessa viagem de trabalho?" Enquanto refletia sobre esta pergunta, senti uma liberdade nas lições que estivera recebendo, e um impulso interior que me ajudou a abandonar o esquema planejado. Quando disse "Sim!", a porta se abriu facilmente.

Eu estava de novo no pequeno vestíbulo onde brilhava uma linda luz, vinda de dentro da casa. Através da janela pude ver o esplendor do Iluminado. Ao me aproximar da porta da cozinha onde ele me esperava, foi-me apresentada a terceira pergunta: "Você se sente pronta para abandonar sua preocupação em relação a essas atividades?" Durante algum tempo refleti sobre esta pergunta que sentia estar afetando diversas pessoas. Finalmente um conhecimento interior veio, de que outros se beneficiariam ao assumir a responsabilidade do trabalho que estava programado. Quando estendi a mão para destrancar a porta, estava absolutamente certa de minha resposta e disse: "Não estou mais apegada a esse trabalho, pois sei que tudo tem um propósito".

A tranca correu e a porta se abriu, possibilitando-me a entrada. Na beleza e luz daquela presença, sabia que algo de importante em minha vida havia mudado, libertando-me para a chegada do que quer que fosse. Com alegria, descarreguei meu fardo com uma maravilhosa sensação de alívio. As poucas palavras do Iluminado eram tão esclarecedoras quanto mistificantes: "Este desapego é da maior importância, abrindo o caminho para tarefas maiores". Queria perguntar quais seriam essas tarefas, mas senti-me compelida a voltar e passar pelas portas. Enxerguei, então, as perguntas da noite de um ponto de vista mais elevado e mais claro. À medida que me aproximava da porta de entrada, vi isso numa luz penetrante que não continha mais nenhuma preocupação; a libertação era completa. Fechei a porta e deslizei a tranca para seu lugar.

Ainda com a luz sobre mim, cheguei à porta exterior e sabia que poderia suportar o que quer que se desenvolvesse no futuro, sem preocupação pessoal ou envolvimento; assim, fechei a porta com facilidade. Enquanto estive parada na passagem, desceu sobre mim uma bênção e fui elevada pelo amor esplêndido do Iluminado. Dei graças por tudo o que causara o fato de pôr de lado o meu fardo e pela garantia que me havia sido dada de que outros poderiam facilmente cuidar dessas atribuições específicas. Estava também grata por tudo aquilo que me fora revelado e que focalizara mais claramente um conflito interior que estivera experimentando nos dias imediatamente anteriores ao sonho. Num nível mais alto, havia uma energia que parecia estar atraindo minha atenção para fora daquela tarefa e a viagem com ela relacionada.

Quando finalmente saí da passagem para a luz, foi-me dada a resposta a ambas as perguntas que ecoavam em minha mente. Foi-me mostrado que a casa era o símbolo da realidade interior de nossas vidas, na qual não há necessidade de viver atrás de portas trancadas de negatividade e medo, pois a luz que brilhava do interior nos protege e eleva todas as outras pessoas em nossas vidas, trazendo-nos uma capacidade de amá-las e uma abundância de luz, alegria e sabedoria. Então, num tom mais claro, ouvi: "Ser-lhe-á dada ajuda especial nas novas tarefas. Uma é completar o livro *Nossa Ligação com as Energias Superiores*. Isto se dará numa série de retiros. A *Ligação* é a linha de energia através da qual o Espírito da Vida traz até sua mente consciente e seu coração a verdade que você procura.

Deram-me imediatamente alguns pontos interessantes, especialmente a importância de descobrir que todos nós vivemos e trabalhamos nos níveis subconscientes e supraconscientes da mesma forma que no consciente, mesmo que isso escape de nossa percepção. Isso focalizou minha atenção no livro e captou meu interesse, de modo que foi muito mais tarde que comecei a imaginar o que seriam as outras tarefas. Pus em ação as orientações dadas durante a vigília, abandonando a viagem planejada e cancelando a passagem.

Assim que aceitei a tarefa à minha frente, senti-me mais aberta ao fluxo da energia inspiradora do Espírito, com sua clareza e direção interior. Em minha ansiedade por não querer perder a oportunidade desta ajuda especial oferecida, deixei de reconhecer as limitações de meu corpo físico e padrões de personalidade, até que uma sabedoria mais elevada interrompeu minhas atividades dispersivas, tanto físicas como mentais, para presentear-me com um retiro.

Pouco antes do retiro comecei a ter consideráveis dores nas costas. Não estando consciente de subseqüentes resistências que poderiam ter causado tal incômodo, pensei que talvez fosse para garantir minha entrega mais completa à tarefa, porque nas horas em que escrevia, com energia mais elevada fluindo através de minha mente e mão, não havia dor. Mas algo persistia em atrair minha atenção para a descoberta da causa da dor, que continuava a me frustrar. Imaginei se algo que exigisse a minha atenção não estaria sendo negligenciado. Certamente eu estava cooperando bem ao realizar a tarefa que fora planejada. Apenas quando levei a pergunta para minha hora de meditação, pedindo ajuda, chegou alguma indicação, mas, como acontece com freqüência, a resposta foi sob a forma de outra pergunta: "Por que você está ignorando a guiança de seu corpo, quando este é uma parte tão importante como a ligação energética da vida?"

Isso me embaraçou. Durante anos eu dera graças, cada manhã, ao belo Ser Elemental, que chamei de Elohim, pela guiança criativa do Eu Básico, e aos quatro Anjos, cujos elementos foram usados pelo Elohim, visando manter meu corpo como um veículo forte para o Espírito que aí vive. Ao Anjo regenerador da Terra, pela saúde, força e alimento natural. Ao Anjo purificador da Água, pelas límpidas correntes do corpo e da terra. Ao Anjo do Ar, pelo sopro da vida e pelo amor iluminado e curativo. Ao Anjo do Sol, pelo calor, luz e Fogo da Consciência, que traz Amor, Sabedoria e a Luz que inunda o mundo interior.

Pensei na pergunta muitas vezes, mas de modo nenhum associei-a com o livro que estava escrevendo. Decidira que, uma vez que não ouvira nada das outras fontes sobre o Elohim que aparecera em minha vida trazido pelo meu Anjo da Guarda, era melhor não incluir esse ser encantador neste livro. Assim, revira o livro e riscara essas partes específicas com um lápis.

Pouco depois disso, ao virar a página de um livro que estava lendo, deparei com uma descrição clara do Elemental Físico que controla o subconsciente em nossas vidas enquanto estamos na Terra. Ao comentar o fato com uma amiga que estava comigo, ela exclamou surpresa: "Estava justamente lendo a respeito desse Elemental Físico numa biografia". Fechei meus olhos e, sentada em silêncio, ouvi: "NÃO! Não tire isto do livro. Esta parte da energia magnífica do universo é um dos poderes de transformação mais importantes da Terra". Apaguei meu erro e incluí a luz brilhante do Elohim em outras partes do livro também. Estava certa, então, de que minhas costas doloridas e meu livro caminhariam juntos em perfeita sincronização e inteireza.

Durante todo esse tempo, na vida do dia-a-dia, as coisas moviam-se rapidamente em todos os níveis. Meu primeiro livro fora traduzido para o português e fora lançado numa nova livraria em São Paulo. Mas ainda não havia solução para o problema de minha permissão de residência. Finalmente, mantendo bem claro em minha mente que me fora dito que isso seria simples e fácil, conforme me haviam dito, decidi que era bastante importante levar o problema para o Iluminado. Ele respondeu: "Duas coisas estão ligadas a isto – primeiro, você estava se compelindo num nível de personalidade; segundo, você não estava pronta para se entregar por completo a esta nova vida".

Estava imaginando o que fazer com esta confrontação, quando nova ajuda me foi dada. Tive um lampejo de tudo isso a partir do nível da alma e algo se encaixou em minha mente. Lembrei-me de um amigo ter-me dito que poderia me ajudar, chamei-o em duas semanas, trabalhando pelos canais competentes, ele obtinha minha permissão de residência. Desta vez dar-me-iam um visto permanente, mas para obtê-lo eu deveria voltar à Inglaterra em meados de janeiro. Tudo saiu perfeitamente bem, havia um lugar para ficar, meu exame de saúde resolveu-se facilmente e até o tempo ficou mais ameno enquanto estive ali. Voltei ao Brasil inteiramente preparada e grata pela oportunidade de morar neste belo país. Uma coisa estava clara: ao tentar estabelecer minha residência, eu estivera tomando aquele longo caminho serpenteante, mas, quando fiquei totalmente pronta, o caminho mais curto se abriu de maneira mágica.

Esta foi uma lição bastante importante para mim. Comecei a ver mais claramente a dupla ação que estava se desenrolando no nível da alma. Precisamos ser inspirados a seguir para a frente na seqüência correta de acontecimentos, mas podemos ser restringidos se saímos por uma tangente, quando ainda não estamos prontos para o próximo passo, ou quando fazemos algo que inibiria demasiadamente o trabalho para o qual estamos destinados na Terra. Senti o perfeito equilíbrio na guiança sutil que nos dá o desafio suficientemente necessário para nos manter encorajados, e também tem a precisa consciência para saber até onde a personalidade está pronta para ousar, e o quão rapidamente estamos aptos a despertar nosso potencial. Estava, assim, descobrindo que um enfoque completamente novo para a vida é possível quando podemos aprender a olhar do nível da alma. Coisas que são mistérios para nós aqui são maneiras naturais de vida e muito mais facilmente compreendidas num plano mais elevado. Tornou-se claro também por que devemos ser protegidos do conhecimento que ainda não somos capazes de manejar sabiamente.

Uma manhã, o Iluminado me deu uma pista para a proteção que às vezes se faz necessária, quando disse: "Você é como uma criancinha que deve ser poupada de perambular numa usina de alta tensão, onde estaria em perigo, até que aprendesse bastante sobre o poder da eletricidade para usá-la sabiamente. O grande corpo da humanidade está no estágio de desenvolvimento no qual é necessário aprender o uso correto do enorme poder a seu alcance, tal como está contido no coração do átomo, e dentro das fontes de energia conhecidas como o raio de ordem e fusão, que agora volta em seu curso cíclico trazendo magia, beleza e uma busca pelo divino em todas as coisas".

Com minha residência estabelecida, sentia-me mais sintonizada com a vida em todos os níveis. Sempre que podia me voltar para a luz interior encontrava meu sábio Instrutor inspirando-me, protegendo-me e guiando-me. Lições que esclareciam meu trabalho chegavam tão rapidamente quanto era capaz de lidar com elas. Havia também uma interligação no nível da alma entre mim e "H", com períodos de pesquisa interior nos quais nos apoiávamos e desafiávamos mutuamente. Em nossas conversas havia uma confiança aberta que nos ajudava a ir ao encontro de nossas necessidades, perguntas e situações que se apresentavam por si próprias. Freqüentemente recebíamos e partilhávamos idéias e pensamentos semelhantes, que me davam alguma compreensão da universalidade do Espírito Único da Vida que nos guia a todos.

Minha vida era simples e bem-cuidada, e se ocorria necessitar de algo, certamente aparecia alguém e dizia: "Será que você gostaria disto?" Aprendi a preciosa verdade de que, se dermos tudo de nós com o espírito correto, nossas necessidades serão preenchidas com abundância inspirada por uma Fonte Superior.

# Capítulo 9

## O TEMPLO E A CATEDRAL DE LUZ

Uma manhã, havia um impalpável sentimento de apreensão na hora da minha meditação. Gradualmente, uma sensação de paz começou a invadir meu corpo, ajudando-me a relaxar e centralizar minha atenção no meu lugar favorito no jardim do Templo, ao lado do pequeno lago onde descansara por algum tempo em meio às ervas medicinais e às flores. Embora devesse estar me dirigindo ao Templo, relutava em mover-me; algo me retinha. Finalmente, quando me levantei para ir, foi com um sentido de premonição, pois, à medida que me aproximava da área do Templo, a linda luz resplandecente que sempre me dava as boas-vindas não estava visível e fiquei imaginando se se apagara. Quando fui chegando mais perto, para meu assombro o Templo – ele próprio – havia desaparecido! Simplesmente não estava lá, no lugar onde, por tantos anos, sua beleza e radiante luz haviam se mostrado inteiramente. Não podia acreditar que meu precioso Templo houvesse desaparecido, e com ele uma parte tão importante de minha vida. Sentindo-me completamente perdida e, de algum modo, traída, voltei-me e vagueei pelos jardins.

Em meus pensamentos apegava-me ao Templo; durante muitos anos, manhã após manhã, a beleza e os raios de poder curativo haviam elevado meu coração e mente, trazendo muitas lições e partilhando da cura de todos os que vinham, ajudando-os a esclarecer alguma área desequilibrada ou frustrante em suas vidas. Como era possível que um elo tão importante houvesse sido retirado? Então pensei no sonho no qual vira o Templo se tornar tão pequeno que era como uma semente levada para outro lugar mais alto, e lembrei-me que isso fizera sentir-me separada dessa encantadora aura de minha alma.

Eu lutava para encontrar algum raio de luz em qualquer parte deste sentimento de desamparo. O que estava acontecendo em minha vida? Certamente não havia nada que eu pudesse perceber no plano terreno, entretanto eu estava profundamente afetada pela perda ou mudança da consciência mais elevada de minha alma, e isso parecia se refletir em cada átomo do meu corpo.

Mais tarde, peguei um livro, *Practical Spirituality* (Espiritualidade Prática), de John Randolph Price, abri-o e li:

"Uma experiência estranha e ao mesmo tempo maravilhosa tem lugar na crucificação... você tem estado operando a partir de uma vibração mais alta da consciência do Cristo interior (o Iluminado, em minha experiência)... e de um conhecimento de seu relacionamento com o espírito. Mas, na crucificação, tudo isso começa a desaparecer à medida que a conscientização pessoal assume a identidade de sua fonte. Existe um esmaecimento de um estágio de consciência (meu Templo) e o aparecimento gradual de outro – mas, por um período breve, a sensação da Presença o abandona..."[1]

Em certa medida eu experimentava algo dessa espécie. Uma guiança mais alta (Instrutor Interno ou alma) colocava em minhas mãos uma prova tangível que me conduzia durante os dias seguintes como uma estrela-guia no horizonte. Lições estavam sendo dadas tanto no nível superior como em níveis cotidianos e concretos, atuando em perfeita sincronia e seqüência para me ajudar a encontrar um caminho através do labirinto de mudanças no qual todo o meu ser estava envolvido.

Durante esse tempo, em diversas manhãs, não pude me acalmar para uma meditação tranqüila. Mais tarde, chegou-me, de surpresa, a percepção de haver permitido que o choque da perda do Templo me afastasse da ajuda que necessitava tão desesperadamente. Então, certa manhã, uma luz brilhou através de minha mente; como se alguém estivesse me falando, eu ouvi: "Você não pode fazer isso com sua mente humana. Você precisa pedir ajuda". Durante todo o dia um raio de esperança reluziu em minha consciência e, à noite, pedi um sonho ou qualquer espécie de ajuda que explicasse o que estava acontecendo.

Na manhã seguinte, com uma sensação de confiança, fiquei tranqüila e descobri que podia entrar no jardim externo do Templo, onde esperava encontrar meu Anjo da Guarda, mas em seu lugar havia outro Ser radiante, que veio me saudar e guiou-me até o lugar onde estivera o Templo. Aqui, para minha grande surpresa, a Linha de Luz permanecia imutável; era tão poderosa e reconfortante como sempre. Ao lado dela, esperavam dois outros Seres Luminosos.

"Onde está o meu Anjo da Guarda?", perguntei. O Ser silencioso que me guiava respondeu suavemente: "Esta é uma ocasião de graduação para você, para a qual tem sido muito bem preparada. É melhor que subamos agora para a Catedral de Luz, onde Alguém que poderá ajudá-la mais sabiamente a espera".

Lentamente fomos até a Catedral, mas, desta vez, a aproximação era diferente. Subimos diretamente para o centro cheio de luz e, intuitivamente, senti que este era o caminho pelo qual meu Eu Superior vinha a cada manhã receber lições e ajuda. Fui levada calmamente ao lugar onde o Iluminado estava à espera e, embora já tivesse estado ali, senti-me como uma criancinha levada a uma nova escola pela primeira vez. De certa maneira compreendi que daquele momento em diante as lições deste Ser Radiante deveriam ser uma linha de conduta.

Gradativamente, no silêncio, uma paz tranqüilizadora encheu minha consciência. Veio, então, uma lição que nunca esquecerei; uma lição que encheu meu mundo de transformações. Esse Instrutor Iluminado começou por retomar meu pensamento: "Sim, sou seu instrutor neste período, para que você se adiante num novo ciclo. Desde o começo de sua vida na Terra seu Anjo da Guarda esteve com você, até que ficasse pronta para aceitar a responsabilidade de seu próprio processo evolutivo, e para um serviço universal maior. Seu amor por essa Criatura Angélica é um grande dom que ele guarda amorosamente. Agora sua Alma também tem uma nova liberdade no desprendimento do Templo".

Seguiu-se então um profundo silêncio no qual, ao ver este ato de um nível mais alto, eu começava a sentir um pouco de alegria com esta nova liberdade, e uma sensação de assombro pelo fato de ter sentido tal perda. Consciente do esplêndido privilégio na ajuda desta liberação ao meu Eu Superior, tive consciência, silenciosamente, da honra de ter um Mestre tão sábio e desafiador, cujo amor me sustentava enquanto durava a lição. Também naquele momento soube da importância de minha total aceitação e entrega, de tal modo que, tendo agora o conhecimento, eu não mais restringia o trabalho e as lições de meu Eu Superior.

Enquanto tentava me ajustar a todos esses pontos, surgiu uma pergunta que se destacou claramente – "Por que ele disse que a ALMA terá uma nova liberação, e não meu Eu Superior?" Sua resposta ao meu pensamento revelou uma dimensão mais alta e trouxe ainda outra surpresa. Ele disse: "Além de sua percepção, a parte mais elevada do seu ser, aquela que você chama seu Eu Superior, é ativa em dois níveis". No silêncio, as duas partes superiores da minha consciência se tornaram mais compreensíveis, à medida que as via refletidas no eu consciente e no subconsciente, pois essas tinham uma realidade tangível para mim. Então, mais uma vez, foi-me mostrado que os níveis superiores e inferiores formam uma única consciência, através da qual a Linha de Luz brilha. Cada dimensão desta consciência maior engloba as que lhe são inferiores, de modo que a dimensão superior se manifesta nas três inferiores através da minha vida pessoal. Esta quarta dimensão que englobava todas as outras não podia ser considerada uma região do espaço, mas um estado ou direção da consciência – um princípio de crescimento, sempre mutante. Minha atitude em relação à vida estava mudando à medida que ficava no limiar desta percepção, tentando compreender que o extraordinário corpo áurico de minha alma estava sempre ativo além de minha visão limitada.

Sabia que não seria inteligente tentar compreender o fluir da energia ou a percepção dos níveis superiores de consciência, pois não havia qualquer explicação lógica em minha experiência para o profundo sentimento de liberdade, o toque de realidade e o conhecimento interior que surgia tão convincentemente, quando a direção interna era seguida trazendo sempre suas recompensas. Um claro exemplo disso veio quando o meu corpo esteve tão enfraquecido que fiquei imaginando se eu teria sido abandonada, e desesperadamente orei para que algo viesse ajudar a minha coluna. No silêncio que se seguiu tentei sintonizar-me com a Linha de Luz. Acima de minha cabeça vi um portal com uma barra atravessada em sua abertura. Naquele dia pedi que uma barra fosse colocada na porta que dá para a minha varanda, e dentro de dois minutos de esticamento todo o seu corpo passou a responder com uma melhor circulação; enquanto me segurava à barra e caminhava sem sair do lugar, minha coluna logo se tornando mais ereta e forte. Sempre que me aproximava da barra sentia uma imensa gratidão.

Nossa experiência-sonho, como seres humanos, continuou a me ajudar e me fez saber que estava trabalhando em diferentes níveis e dentro de corpos com variados graus de luminosidade e densidade. Estava entre pessoas que às vezes falavam de seus sonhos e da direção interna que esses lhes davam. Uma das coisas que me fez aceitar tudo isso mais completamente foi saber que todas as coisas são feitas de um fluir de energia dentro de átomos que giram ininterruptamente, não importa quão densa seja a aparência das coisas materiais. A explicação de que a estrutura de um átomo é uma réplica do nosso sistema solar também me mostrou a imensidão do espaço dentro de um átomo e, portanto, dentro do meu corpo e de todas as coisas.

Projetou-se então em minha mente a radiante beleza da luz que vira acima de mim, com seu arco-íris de cores. Veio a lembrança do modo pelo qual aquela luz vibrante, com suas correntes de energia, descera através do Templo até o meu corpo físico. Apreendendo meu pensamento, este sábio Instrutor explicou: "Cada corrente de energia ou raio se reflete num centro diferente do corpo, levando suas qualidades especiais. A luz azul do segundo raio entra no coração, trazendo seu dom de puro amor combinado com sabedoria. É esta energia que possibilita a ligação com o Grupo de Almas que você viu em sua luz inspiradora". Então tive a sensação de uma luz interior que estivera faltando desde que, na perda do Templo, meus próprios alicerces haviam sido abalados. Esperei que tudo isso se tornasse mais claro à medida que minhas lições prosseguissem.

Durante o dia pensei no Instrutor Iluminado. Ele era totalmente real para mim, na tranqüilidade de minha meditação, mas expressar isso no reino de minha mente fria e lógica era difícil. Desafio ainda maior era encontrar um meio de ajudar os outros a descobrir que cada um de nós tem o poder interno da guiança. Essa foi uma das muitas vezes em que, ao trabalhar no nível onde as almas estão interligadas, "H" foi inspirado a me trazer um livro – *The Reappearance of the Christ in the Etheric* (O Reaparecimento de Cristo no Etérico), de Rudolf Steiner.

A essência desse livro, que confirmou a realidade do magnificente Iluminado, está nas palavras apresentadas num dos *Four Mystery Drama*, que anuncia de forma artística o iminente aparecimento de Cristo no etérico, aparecimento "que não dependerá de fé, mas antes de uma visão recém-adquirida e preenchida de luz espiritual".

"Um ser humano emerge da luz brilhante.
Ele me diz: 'Você proclamará a todos
os que têm vontade de ouvir que você viu
o que os seres humanos logo experimentarão'.
Uma vez Cristo viveu na Terra, e de sua vida segue-se
que, como alma, ele abraçará o crescimento humano na Terra.
Ele está unido com a parte espiritual da Terra,
mas os seres humanos não podem ainda observá-lo
na forma em que Ele se revela,
porque lhes faltam os olhos do espírito que serão os seus.
Agora se aproxima o tempo em que os seres humanos na Terra
serão agraciados com novo poder de visão.
Aquilo que uma vez os sentidos puderam observar,
quando Cristo viveu na Terra,
será percebido pelas almas humanas."[2]

Esse livro confirmou para mim a realidade do Iluminado como uma presença universal. Enquanto tentava entender o significado do etérico, presentearam-me com *Telepathy and the Etheric Vehicle* (A Telepatia e o Veículo Etérico), de Alice A. Bailey, que declara: "... o corpo etérico de toda a forma na natureza é uma parte integral da forma substancial do próprio Deus – não a densa forma física, mas aquilo que os esoteristas consideram a substância que faz a forma. Usamos a palavra 'Deus' para significar a expressão da Vida Única que anima toda a forma do plano objetivo externo. Assim, o corpo etérico, ou o corpo de energia de cada ser humano, é uma parte integrante do corpo etérico do próprio planeta e, conseqüentemente, do sistema solar. Por seu intermédio, cada ser humano está basicamente relacionado com qualquer outra expressão da Vida Divina, pequena ou grande. A função do corpo etérico é receber impulsos de energia e ser impelido à atividade por esses impulsos, ou correntes de força, emanando de alguma fonte original. O corpo etérico é, na realidade, nada mais que energia. É composto de miríades de fios de força ou pequeníssimas correntes de energia, mantidos ligados aos corpos emocional, mental e à alma através de seu efeito coordenador".[3]

Com mais confiança e uma ânsia sincera por entender o que se esperava de mim agora, depois que o Templo já não era mais uma parte da minha vida, encontrei meu caminho para a Catedral, onde o Iluminado me saudou num silêncio confortador. Isso continuou até que eu estivesse totalmente calma e aí houve outra lição: "Muitos caminhos longos se torcem e entrelaçam até que eventualmente atinjam o nível mais alto, que é simbolizado pela luz radiante que lhe foi mostrada. Existe também uma trilha mais direta, exigente e poderosa, que abre o caminho para que fluam as energias superiores. Aqueles que escolhem a trilha central aceitam um grande desafio e uma responsabilidade muito especial, mas também se tornam conscientes de uma luz que se move com eles por todo o caminho".

Permanecia sentada olhando para este grande Instrutor, na silenciosa grandeza da Catedral, e da instância mais profunda do subconsciente vi de novo quando este ser Radiante apareceu pela primeira vez há muitos anos. O que tornou possível esta experiência especial? Silenciosamente, duas cenas apareceram à minha frente como resposta:

Vi um Ser com a luminosidade do Sol, cercando e preenchendo a Terra com uma energia poderosa, trazendo para mais perto da humanidade o Espírito de Vida e Amor. O Iluminado era claramente visto como um dos raios fulgurantes do Grande Sol. Veio-me então um conhecimento interior de que cada pessoa tem um tal Raio glorioso, uma supraconsciência e, enquanto este século se abre para o próximo, milhões de pessoas progredirão até o ponto de reconhecer e aceitar sua própria Realidade maior e um Instrutor Interno que guie suas vidas.

Em seguida, a cena muda: num belíssimo reino espiritual, vi duas pessoas muito queridas por mim, as quais eu sabia terem conhecido o Grande Sol, ou o Cristo, dentro do etérico da Terra, antes que seu último período de vida nela terminasse. Seu amor por mim era tão grande nesse período intermediário que eles haviam trabalhado num nível mais alto para ajudar a trazer o Iluminado ao meu despertar consciente. Ondas de amor e gratidão me envolveram.

Isso me mostrava claramente que, neste magnífico plano de evolução humana, não existe separação real para aqueles que são atraídos pelo conhecimento do verdadeiro Espírito da Vida. Quer num corpo físico, quer num espiritual, eles podem continuar seu trabalho de um modo progressivo. Eu via agora como é importante o nosso perdão, tanto para os que se encontram no "estágio intermediário" como para os que se encontram na Terra, pois isso purifica e fortalece a ligação que nos abre para uma luz interior totalmente nova e para o poder curativo do amor mais elevado.

A lição do dia acabou com esta mensagem: "A maioria das pessoas se liga através de suas famílias e relacionamentos a um grupo cármico, e veio à Terra neste tempo determinado com uma missão definida; mas, na agitação do mundo material, muitas somente agora estão acordando para QUEM são, POR QUE estão aqui, e O QUE vieram realizar".

Durante todo esse dia minha mente estava num rodamoinho enquanto eu tentava colocar as peças deste quebra-cabeça no lugar, de modo que tivessem um sentido real para mim. Nessa noite, minha atenção foi chamada para um pequeno quebra-cabeça que ganhara de alguém, com a garantia de que era fácil e que eu estivera tentando resolver. O quebra-cabeça consiste de nove pontos, e exige que se tracem quatro linhas retas, sem tirar o lápis do papel, passando por cada ponto apenas uma vez.

Um dia, logo depois de dar um *workshop*, enquanto as energias superiores ainda estavam fluindo, entrei no meu quarto, peguei a caneta e, sem hesitação, tracei as quatro linhas retas, facilmente e de modo correto.

Parecia que o pequeno quebra-cabeça tinha algo a me ensinar, o que, de fato, acabei por descobrir, e a mensagem era a de não temer ir além das fronteiras conhecidas de minha vida.

Por essa época, apresentou-se para mim uma situação altamente desafiadora onde me via encarando uma nova cultura e a formação de um Centro que ia descobrindo o seu caminho no hemisfério sul. Era desconcertante ver o sol surgindo no leste e seguindo um caminho através do norte para o oeste, ao invés da rota pelo sul tão familiar por toda a minha vida. Afortunadamente havia uma abordagem positiva diante de qualquer coisa engendrada dentro de mim e eu estava sendo guiada por aqueles que conhecia como meus Instrutores Internos. Quando fui convidada a tomar parte no trabalho que se desenvolvia no novo Centro, senti uma poderosa urgência, não só vinda das pessoas, assim como dos níveis superiores, com a seguinte mensagem: "Tudo isso é parte de um plano essencial que será revelado." Durante a construção do Centro e da criação da identidade do grupo havia uma nota muito austera, além de tudo que conhecera em minha vida.

Com uma partilha aberta e franca entre o líder do grupo e eu, cada um de nós deu e recebeu muita ajuda, pois tínhamos respeito pelas habilidades que manifestávamos. Com um grande conhecimento esotérico, o líder do grupo tinha uma extraordinária capacidade de planejar o trabalho para todos, nos mínimos detalhes, permitindo o desenvolvimento de uma disciplina interna e a percepção das muitas coisas que as pessoas deviam evitar. Cada membro do grupo era ajudado a se ajustar à função que lhe cabia dentro do plano delegado pelo líder. Senti uma considerável pressão em me adaptar à totalidade do plano, enquanto tentava dar todo o apoio que podia. Muitos vieram falar comigo, não só os que viviam no Centro como outros que tão amorosamente apoiavam o trabalho. Trabalhava com uma intérprete com aqueles que não falavam inglês e sentia uma energia clara e positiva fluindo através de mim para os outros, em resposta a muitas de suas perguntas.

Por fim, e bem inesperadamente, surgiu um primeiro lampejo de um plano maior para todos os envolvidos. O líder estava sendo guiado para o seu verdadeiro trabalho, onde seus talentos poderiam ser melhor usados para ajudar muitas pessoas, pois quando ele dava palestras para grandes grupos, tinha a especial capacidade de inspirar a centenas de pessoas. Quando ele sentiu esse chamado para viajar e dar palestras através do continente, perguntou-me se eu estaria disponível e pronta para permanecer no Centro e manter as energias com o grupo.

Ao levar esse pedido para a minha quietude, me foi dada uma clara aprovação e um quadro interessante me foi mostrado. Vi o Centro como se fosse um navio no qual o líder com os seus talentos era o mestre construtor. Enquanto isso, muitos do grupo aprenderiam a conduzir o navio à medida que ele entrasse nas águas da Nova Era e para um serviço amoroso, ao passo que atrairia centenas de pessoas da América do Sul. Vi a mim mesma como o giroscópio do barco e estava buscando a guiança que me ajudaria a prosseguir da melhor maneira.

Naquele dia peguei o livro *Practical Spirituality* e fui inspirada pela visão e desafio que apresentava para mim.

"Os Despertos, as Almas Evoluídas, os Superseres são todos pessoas muito práticas!... Eles mudaram da espiritualidade teórica para a espiritualidade prática, porque estão aplicando a verdade que conhecem para transformar ilusão em realidade. Eles são os EXECUTORES da Era de Aquário, arquitetos do futuro e construtores da nova civilização. E a execução, o planejamento e a construção estão sendo realizados pelo uso correto de preces afirmativas, tratamentos espirituais e meditação... pelo viver a vida espiritual momento a momento... por estar em acordo e cooperação com o Espírito... por colocar total confiança em Deus e viver a vida sem medo... por unir mente e coração e ir para a frente com grande entusiasmo e realizar aquilo que deve ser feito no mundo nesta época, sempre ouvindo a Orientação interna... e por passar através das doze portas da iniciação, dando um passo para a frente e para o alto, como um Mestre... Vençamos a etapa da percepção do plano tridimensional para vivermos plenamente na Quarta Dimensão. À medida que o fazemos, mais Luz será desprendida para a consciência de massa e o planeta Terra começará a reagir a esta vibração mais elevada e mais pura."[4]

Intrigada com o que era dito sobre as doze portas da iniciação ali, descobri que muitas das experiências pelas quais passara tornaram-se mais claras, indicando o caminho à frente. Esse livro confirmou para mim que as lições interiores dadas pelo Iluminado eram parte de um impulso universal único. Numa coordenação perfeita, ele me ajudou no momento em que passava por uma experiência desconcertante no nível da personalidade. Numa lição, em profunda quietude e indagação, tive a sensação de correr no escuro, de encontro a uma parede de pedra. Eu escorregara num velho padrão de julgamentos, sem um cuidado amoroso e sabedoria suficientes, numa tentativa de proteger o objetivo mais elevado do grupo e dos indivíduos dentro dele. Agora que o quadro se tornara mais claro, e para ser de maior ajuda para eles, fui guiada ao livro *Handbook to Higher Consciousness* (Como atingir uma consciência mais elevada),[10] de Ken Keyes, que me mostrou que apenas seu próprio centro de força, liberdade e inteireza poderia protegê-los, não importava o que estivesse acontecendo, ou o que quer que estivesse sendo feito por outros à sua volta. Nada, jamais, poderia ser uma ameaça ou empecilho em suas vidas quando eles houvessem desenvolvido um centro de equilíbrio, pois, a partir deste centro, eles estariam abertos a poderosas energias superiores que podem transformar qualquer coisa de natureza inferior ou negativa.

Nessa experiência, enquanto encarava o resultado de minha ação, a dor causava a quebra de uma barreira interior, uma barreira que agora eu via ter sido um obstáculo ao meu progresso e preparação para o trabalho que tenho a fazer. Novamente me foi mostrado que o ponto de liberdade interior não poderia ser atingido completamente até que eu pudesse, honestamente, ver todas as pessoas sem julgar, comparar ou criticar, e isto incluía libertar estas coisas dentro de mim mesma. Então eu poderia encarar o que quer que acontecesse na vida sem identificar-me com o medo, em qualquer de suas formas.

Nesta lição foi-me mostrado outro quadro que me ajudou a compreender a liberação que se fazia necessária. Durante anos havia uma espécie de erva daninha que aparecia em meu gramado na Escócia. Eu arrancava a planta vigorosa com sua comprida raiz e o gramado ficava limpo durante uma estação. De novo, então, outras apareciam nos mesmos lugares. Finalmente, descobri que cada raiz tinha uma pontinha que se quebrava facilmente e permanecia no solo. Dentro dela, como uma semente, estava o padrão e a energia para se reproduzir e, a não ser que fosse completamente extirpada, ela cresceria de novo.

Como um relâmpago, vi como uma destas pontinhas, mantida em meu subconsciente desde o passado, estivera crescendo silenciosamente, para despontar na superfície que estivera lindamente liberta em partilha de amor durante muitos meses. Isto me mostrou que eu reagira a partir da limitação de um velho padrão e medo escondidos, em vez de permitir que a luz e o amor do Espírito interior colocassem as coisas em perspectiva. Apenas de um ponto de força e equilíbrio interiores podemos ver todas as coisas, mesmo as mais desafiantes, sem sensação de ameaça e sem necessidade de justificativa. Durante quarenta anos eu incutira em minha consciência a necessidade de proteger a organização na qual mantinha uma responsabilidade-chave. Compreendi então, nesta mudança de consciência na evolução da humanidade, e especialmente neste pequeno Centro de Luz, que não há nada para justificar, pois a proteção vem da integridade de cada um de nós.

No silêncio, enquanto considerava tudo isso, descobri a simples verdade de que, se uma erva daninha apontar mais uma vez no solo, poderei usar esta mesma erva para mostrar o quão facilmente, com amoroso cuidado, ela pode ser arrancada, com pontinha e tudo, na luz e liberdade de meu centro de integridade. Naquele momento de clareza, soube tranqüilamente que, com a ajuda que me fora dada, eu estaria pronta para o privilégio de servir ao trabalho de cura, fosse qual fosse o modo pelo qual se desenvolvesse. Todas as lições, grandes ou pequenas, eram apenas passos em direção a um salto quântico que pode ser dado sem perigo, com liberdade, na luz e alegria do Espírito.

Por quase um ano, depois da perda do Templo, minha capacidade para atingir o lugar de lições mais elevadas variou de tempos em tempos. Por vezes eu me encontrava imediatamente dentro do magnífico e luminoso corpo de minha alma, ouvindo o Iluminado; outras vezes, sentia necessidade de me estirar e atingir o brilho interior, nem sempre com sucesso. O Iluminado garantiu-me que esse intervalo era necessário, para me permitir atravessar um processo de purificação de velhos padrões e alcançar uma aceitação mais completa da disciplina interior.

Uma manhã Ele disse: "Por mais frustrante que seja, não ter a rotina do Templo, a disciplina e auxílio de seu Anjo da Guarda está ajudando você a aprender a andar sozinha. Volte-se para a beleza da natureza, para os jardins mais elevados e para a luz da Catedral, à medida que você se prepara para aceitar seu novo papel e crescer com o poder do despertar interior. Isso a ajudará a adquirir conhecimento e ver na perspectiva da alma". Isto foi seguido por uma cena interessante na qual eu liberava meu corpo e mente, como uma marionete inteiramente aberta e entregue às mãos que guiavam de cima, puxando os cordões. Então a lição continuou: "Quanto mais você puder fazer isso, tanto mais rica de sentido e valor se tornará sua vida. Quando você se conscientizar de sua Realidade maior, saberá que não há apenas a marionete, mas também o marioneteiro guiando o plano de sua vida nesta jornada espiritual".

Estas poucas palavras ajudaram-me a compreender mais claramente a grande verdade de que estamos vivendo, trabalhando e progredindo em diferentes níveis de consciência simultaneamente, embora nossa percepção esteja mais voltada para o nível consciente do dia-a-dia.

Mais tarde, quando pensei sobre esta lição, comecei a compreender que um dos mais belos dons de curar vem da natureza, com seu encantador espírito dentro de nós e à nossa volta. Isso é verdade especialmente quando estamos abertos para a ajuda criativa do Elohim e para o amor curador, vindo da alma. Muitos estão encontrando o sentido mais profundo da vida na quietude da natureza. Recebi, no mesmo dia, duas cartas daqueles que me são caros. Ambos vivem na pressão da vida da cidade, em diferentes países. Um escreveu:

"Escalei uma montanha há uns quinze dias atrás... e me senti tão ligado a vários raios que toda a subida foi um alegre deleite. Estava só, mas era também tão parte da natureza através da qual escalava que não senti medo ou sombra de solidão. Ao virar de cada curva e sobre cada amontoado de rochedos, encontrava uma nova surpresa. Ainda me preocupo com meu estilo de vida — mas esta é uma verdadeira abertura: e pensei em você". E o outro escreveu: "À medida que andava (nas montanhas), meu espírito emergiu, abrindo-me novas profundezas, horizontes e uma maravilhosa confiança em meu próprio ser".

Estas mensagens trouxeram à minha mente belas experiências de vida: ao escalar montanhas e caminhar tranqüilamente perto do oceano, sintonizada com energias de cura, eu alcançava um equilíbrio interior e um sentimento de inteireza. Encontrei a silenciosa beleza e inspiração dos jardins do Templo refletidas em minhas caminhadas a cada manhã nas trilhas da montanha, que é sempre uma parte refrescante do dia.

Na quietude, a cada manhã, havia uma maior conscientização da ação que se realizava em diferentes níveis e descobri que, quando a direção mais elevada na vida se torna mais clara, existe uma qualidade mágica de interligação no nível da alma, através da qual outros são inspirados a nos ajudar. Vi como isso trouxera uma grande mudança em minha vida, levando-me da beira-mar para as montanhas, do hemisfério norte para o sul, para um novo local, em grupo de dedicação mais elevada, transformando a jornada interior em experiência vivida. Todo um novo padrão de vida começou neste pequeno Centro inspirador, com seu viver harmonioso, luz interior e utilização mais elevada da energia criativa. Um amigo trouxe-me um livro, *The Starseed Transmissions*, de Ken Carey, que dava uma descrição esplêndida dos Centros que agora estão se desenvolvendo.

"Com quietude na mente e silêncio em seu coração, entre na presença da verdadeira identidade, onde não existe culpa ou vergonha, medo ou censura, mas apenas a expressão amorosa da verdade. Respire profundamente e identifique-se com o sopro da vida que anima seu corpo e vê através de seus olhos. Então, estenda a outros aquilo que você experimentou. Através de você e de seu centro, deixe o Espírito criar uma ilha de amor e harmonia que pode ser sentida através de toda a região à sua volta."[5]

Isso foi escrito por Raphael através de Ken Carey. Ele chamou esses novos centros de "ilhas do futuro no mar do passado". Uma ilha do futuro; sim, esse pequeno Centro na montanha era verdadeiramente um lugar assim. Em seu delicioso livro, *Notes to my Children*, o mesmo autor usa uma metáfora descrevendo esse pequeno grupo que recebe inúmeras pessoas que vêm para vivências grupais, tentando encontrar inspiração e um propósito na vida. Ele escreveu uma estória na qual existem muitas lâmpadas que não sabiam que estavam conectadas com uma fonte de luz, calor e poder, de modo que não se acendiam. Um dia elas viram uma lâmpada que estava acesa e isso abriu-lhes todo um novo potencial, à medida que se tornaram conscientes de sua própria luz interna. O Centro chamado de Nazaré (tem esse nome por causa da cidade que lhe está mais próxima), é um lugar onde cada um do pequeno grupo tem uma luz interna, variando apenas em grau, e sabem que estão conectados com uma Fonte de Luz, Alegria, Amor e Sabedoria através do glorioso Espírito de Vida que são. A constante fluência de hóspedes num estado de busca e despertar, cujas almas os conduzem até Nazaré, vêem e sentem, individual e coletivamente, a luz interna do grupo e muitos começam a perceber e experimentar a sua própria.

Há um sentido de ritmo nas atividades do Centro, a meditação pela manhã, ao meio-dia e à noite; o trabalho nos jardins e na horta, o preparo dos alimentos, a manutenção e limpeza das casas e das vivências, com períodos livres para relaxamento e renovação nas áreas ajardinadas, onde a vida em sintonia com a natureza faz os hóspedes se sentirem à vontade.

Tornei-me consciente de uma ação intuitiva e esclarecedora que acontecia no nível da alma e irradiava-se para o Centro, de modo que era raro acontecer de alguém vir sem estar preparado para uma vivência mais profunda. No espírito cuidadoso e amoroso de Nazaré acontece uma ajuda mútua entre os indivíduos, com sincronicidade e ritmo.

Com todas essas experiências nesse pequeno Centro na montanha meus próprios estágios de desenvolvimento anteriores se tornaram mais claros e minha jornada interior assumiu uma realidade maior.

Capítulo 10

# O DESAFIO DA PREPARAÇÃO

A visão dos níveis mais elevados de quietude era como uma descrição exótica num prospecto de viagem, levando-me à nova aventura ao me dar lampejos de experiências fascinantes e da renovada energia que nos espera. Por vezes havia momentos maravilhosos que me inspiravam, com uma sensação de luz interior, e que me permitiam atravessar facilmente as situações do dia-a-dia.

Enquanto me partilhava com as pessoas e buscava um significado e propósito mais profundos em minha vida, momentos de clareza iam surgindo e me deixando muito consciente da interação no nível da alma. À medida que isso acontecia, conscientizava-me da beleza das energias superiores fluindo através de mim para ajudar outros, não só individualmente, como também em grupos pequenos. Minha intérprete, que traduzia para aqueles que não falavam inglês, disse-me certa vez: "Quando você fala com as pessoas, você fica diferente; há uma clareza, uma luz interna e amor que podem ser sentidos." Percebi que isso acontece com a maioria de nós quando estamos sintonizados com a nossa Realidade mais profunda e somos inspirados a responder à pergunta de uma criança ou à necessidade de um amigo com problemas. Isso acontece especialmente quando a pessoa está pronta para escutar algo que lhe amplia a consciência, liberando-a dos limites confinantes dos condicionamentos, ou até mesmo da crença de que é o corpo em que vive, se expressa e trabalha.

Sentia as belas energias da alma chegando para ajudar aos outros, tanto individualmente como em grupos. As coisas corriam bem em minha vida, quando, inesperadamente, fui confrontada com um estranho enigma. Era um período em que escrevia e estava sozinha, quando o fluxo usual de energia me foi cortado, mal me lembrando de que a parte superior do meu ser e aqueles que me guiavam sabiam exatamente qual o equilibrio que me era necessário para viver, trabalhar e servir, assim como para preparar o caminho para o próximo passo da jornada. Eu entrara num período de aprendizado do discernimento, no qual minha força interior era posta à prova.

Durante esse período experimentava um certo impacto kármico entre mim e o líder do Centro. Esse relacionamento mostrou o meu progresso e revelou muito do que era necessário para um trabalho mais preciso. Vi como nossas almas trabalharam para nos reunir, vindos de lugares bem distantes, de modo que pudéssemos clarear padrões kármicos desenvolvidos num passado remoto. E assim, aquele que estava destinado a reunir um grupo e criar um Centro, fora inspirado a viajar do Brasil até a Escócia, onde nos encontramos. Algum tempo mais tarde já estava vivendo no Centro e, no nosso trabalho diário, gradualmente clareamos algumas de nossas profundas limitações, liberando-nos para o trabalho maior que viemos realizar na Terra desta vez. Ele havia me ajudado a compreender algo da luta interior ao explicar o que São João da Cruz chamava de "a noite escura da alma". Porém, tornou-se claro para mim que esse processo era algo que ninguém mais, em nível algum, podia fazer por mim. O Iluminado era um Mestre mais simbólico e distante, que me mostrou a importância de desenvolver uma contínua força e equilíbrio interiores, sem a inferência de condicionamentos usuais. Ele deixou muito claro que isto era essencial antes que pudesse entrar na fase seguinte de minha vida.

Às vezes, ele me presenteava com um novo mundo de compreensão ao inspirar alguém para me trazer um livro que era justamente apropriado ao momento, para verificar uma lição anterior. O livro *Terra Christa*, de Ken Carey, foi uma experiência inspiradora para mim. O autor coloca nossas vidas em foco de modo claro e instrutivo:

"Os Seres Humanos foram criados para habitar uma faixa intermediária no firmamento. Eles foram criados para funcionar como o ponto de equilíbrio entre um espírito eterno e um planeta material. Sua casa era um domínio de equilíbrios precisos. Eles eram a incorporação de essências focalizadas de todos os constituintes que eles estavam equilibrando. Sua psicologia era simbólica; estava correlacionada com os reinos animal, vegetal e mineral, oferecendo-lhes proteção e cuidado. As naturezas espirituais desses Seres Humanos era também simbólica. Eles transportaram os vários reinos da consciência para atitudes específicas, caracterizações e pontos focais de percepção. PORÉM, A SUA POLARIDADE ESTAVA NO ESPÍRITO. Eles estavam orientados para a sua fonte no Criador.

"A teoria da evolução pode estar equivocada; ela olha para o surgimento do *Homo Sapiens* de cabeça para baixo. Ela pressupõe uma polaridade humana na Terra. Os primeiros humanos não tinham tal polaridade. Eles tinham sua polaridade no espírito."[6]

Eu procurava maior clareza neste período de preparação e transição e quando, sinceramente, pedi ajuda, o Iluminado estava pronto com um quadro direto daquilo que eu própria estava fazendo, ao dizer:

"Você está permitindo que este sentimento de perda entre em sua consciência, mas também nisto você tem uma escolha; pois, ao escrever, você também estará ajudando pessoas. Quão grande é sua fé na ajuda infalível dos níveis superiores? Você pode provar isto em sua vida terrestre? Existe uma atmosfera protetora entre os níveis mais elevados e inferiores da consciência, no qual névoas se elevarão naturalmente, mas você sabe que pode permitir que o 'sol interior' as atravesse. Este é o desafio à sua frente."

Depois de uma pausa, ele continuou: "As mudanças que você tem experimentado não são devidas inteiramente à sua falta de compreensão. Elas são uma maneira de trazer você para o foco de seu presente estágio de progresso, enquanto lhe dão ainda uma consideração mais profunda com os outros, que procuram seu próprio caminho no labirinto da vida e suas complexidades. Este é o verdadeiro trabalho que se exige agora".

Ele então me lembrou que, antes que começasse a descobrir os níveis superiores de consciência, passei muitos anos sem ter a menor compreensão do propósito maior dos potenciais da vida e do fluxo de energias que conservavam meu corpo, coração e mente pulsando; de algum modo misterioso, esses níveis me ajudaram a enfrentar muitos altos e baixos no desafiante caminho da vida. Como descobrira estas energias que estão escondidas e obscurecidas pelo mundo material? Como pode alguém experimentar um mundo superior? A pequena brecha na minha percepção de uma realidade maior era reconhecer que vivia em um outro nível, fora do meu corpo, enquanto sonhava. Essa foi uma semente que eu fui capaz de cultivar, nos momentos de quietude a cada manhã, até que a clareza e o amor fluindo de minha alma ampliassem a minha visão e a minha consciência. Gradualmente, comecei a receber pequenos lampejos de conhecimento interno que já não mais deixavam dúvidas sobre a existência de um poder superior independente de minha mente e de meu corpo.

Logo aprendi que para me tornar mais receptiva à ajuda e às revelações que vêm do espírito e dos níveis supraconscientes, devia assumir total responsabilidade ao emitir pensamentos, palavras e sentimentos positivos ao subconsciente que está sempre receptivo, enquanto mantém a miraculosa estrutura dos sistemas e sentidos do meu corpo. Esse era o mais difícil de todos os trabalhos, pois facilmente escorregamos nos velhos hábitos dos julgamentos críticos, comparações, justificativas e pensamentos negativos que bloqueiam o fluir das energias e o *insight*. As lições anteriores e as reflexões eram como a luz, encorajando-me passo a passo, mas também revelando os resultados do mau uso do tempo e da energia durante esse período de prática. A maior ajuda estava nas instruções que recebera antes de entrar no túnel escuro por onde tinha de encontrar o meu caminho: "Nunca olhe para trás, mas olhe firmemente para a luz e não fale" se você está na escuridão de um pensamento ou reação negativos. Freqüentemente as palavras de alguém experiente me ajudavam, como uma semente que caía no solo fértil de minha disposição para aprender e, quando era cultivada na quietude, trazia consigo um conhecimento interno da verdade, transformando tudo em realidade para mim. A experiência de cada pessoa é única e uma parte viva de seu progresso interior.

Este Instrutor sábio me garantiu: "Quando a alma sabe que uma pessoa está preparada, ou que se aproxima de um estado de vida equilibradamente positivo, ela encontra os meios de atravessar a delicada teia etérica até a mente consciente, plantando ali a semente que se desenvolve continuamente, ampliando a percepção". Este despertar vem através de canais e capacidades que se encontram mais receptivos dentro de cada pessoa. A aproximação pode ser através de sonhos, da escuta silenciosa, leituras, ao discutir os valores da vida com outros, ou numa infinidade de maneiras que eventualmente levam uma pessoa a experimentar sua própria realidade, e a abrir o caminho através da quietude, meditação, oração ou ouvir em silêncio seu Instrutor Interno, para que a inspire e guie mais diretamente. Aquilo que você retém em sua mente consciente é como um ímã atraindo a resposta para a forma-pensamento. Isto pode trazer beleza, fé, o amor que transforma e o conhecimento mais elevado da alma. Dentro desta declaração está o segredo da vida, ajudando-a a se elevar a um novo nível de consciência.

Através de visões internas mostraram-me que a ignorância bloqueia o caminho de nosso progresso na verdadeira aventura da vida, pois, em nossa cegueira, aceitamos barreiras interiores com todos os resultados negativos. Estas barreiras são causadas pelo fato de ignorarmos as leis básicas da vida, que nos mostram que ela é um espelho do que somos e do que fazemos e, se dermos amor e alegria desinteressadamente, estes retornarão em abundância. O reino do Espírito da Vida está dentro e não fora de nós mesmos. Os poderes ilimitados dentro de nosso ser maior estão à espera de serem reconhecidos e liberados para entrar em ação. Quando ignoramos o impacto daquilo que criamos a cada momento, deixamos de compreender o potencial escondido dentro do poder da energia criativa. Através destas barreiras interiores a alma procura espaços nos quais possa enviar seu grande amor que nos cura e sua luz de sabedoria que nos desperta de nossa entorpecedora descrença. De todas as maneiras possíveis a alma nos guia através do labirinto de nossa falta de criatividade e limitada cultura em que estamos embrenhados. Somos como pessoas surpreendidas pelo desmoronamento de uma mina de ouro, e vemos a saída bloqueada. O ouro nos é de pouca utilidade, mas há uma esperança de salvação quando percebemos um lampejo de luz entrando na caverna de nossa prisão terrena. Usaremos menos do precioso oxigênio da vida se relaxarmos e ouvirmos com tranqüilidade, de modo que possamos escutar aqueles que, conhecendo nossa dificuldade, estiverem tentando nos resgatar. De vez em quando podemos pedir socorro para permitir a nossos salvadores saberem que escutamos seus esforços. Um fio vital das energias superiores pode nos alcançar através das frestas, alentando-nos enquanto ouvimos as instruções para fazermos a nossa parte no salvamento tão eficientemente quanto possível. Sei que cada um de nós que reconhece esta barreira interna e procura a ligação com nossa Realidade maior receberá instruções e será libertado com alegria, por mais que isso demore.

Minha experiência meditativa na tranqüila Catedral de Luz era como estar de pé num belo ponto da montanha da vida que estou escalando, cercada pelas belas energias da natureza, sob um claro céu ensolarado. Eu podia olhar por sobre o vale e os primeiros estágios da escalada, e ver tudo muito claramente. Deste belo lugar, quando olhava para o cume, perguntas me vinham à mente. O quanto estaria pronta para o próximo estágio da subida e que partes dela me seriam reveladas por meu Instrutor Interno? Por sorte, sempre gostei de escalar montanhas e, tranqüilamente, no centro profundo de meu ser, sinto-me honestamente pronta para os passos seguintes.

Assim como com todas as coisas de real valor na vida, o trabalho verdadeiro acontece no nosso interior, inspirado por uma parte superior de nossa consciência, aproximando-nos cada vez mais da beleza, graça e totalidade de nosso ser. Existe um poder magnético dentro de nós que atrai exatamente o que precisamos como aprendizado, assinalando o nosso progresso e movendo-nos em direção ao próximo passo na espiral cíclica da vida. Todo o trabalho interior, serviço e toda a experiência que fizermos são oportunidades que nos são dadas para o nosso crescimento espiritual.

Uma voz interior me afirmava: "Quanto mais você aprender a sintonizar com o espírito dinâmico do universo e com sua energia inspiradora ilimitada, tanto mais fácil será o restante da subida, que promete ser uma aventura fascinante e jubilosa".

De algum modo, os arranhões da subida, como as ligações da vida, são incidentais quando encarados na glória, poder e amor do Espírito Universal.

O desligamento traumático do meu belo Templo ainda estava próximo. Até que ponto eu estava, de fato, desapegada dessa experiência que por sete anos foi o centro de minha vida e serviço para os outros? Nada me fora tão difícil de abandonar como minha ligação com o Templo de meditação, a aura simbólica de minha alma. O que eu tinha de aprender era que, assim como a forma densa do corpo físico no qual vivo é um veículo onde viajo temporariamente, o Templo era meramente um corpo temporário da alma.

Agora esta parte mais elevada de minha consciência estava também no processo de escalada evolutiva, em sintonia com as grandes energias do Espírito. A relatividade de todas as coisas e a ajuda que nos é dada em cada ponto do caminho continuam a me assombrar.

Durante esse tempo de procura, quando eu estava menos aberta à guiança direta, a ajuda era novamente dada em sonhos, levando-me à interligação de minha personalidade e alma, como parceiros que trabalham juntos. Um sonho permitiu ver-me a mim mesma de um nível mais elevado.

Neste sonho, eu jantava com um grupo de pessoas. À minha esquerda estava uma pessoa amiga, e à minha direita havia uma que, a princípio, fora prestativa, servindo-me água. Mais tarde, quando esta se servia de água, estendi meu copo pedindo-lhe um pouco mais. Para minha surpresa, ela despejou o que restava da água, mas foi tudo para a mesa, enquanto fingia despejar em meu copo. Acordei sentindo-me confusa. Quando pensei neste sonho, descobri, de repente, que era eu quem estivera despejando a água, e pude ver o quão inconsistente estava quanto à minha atenção para com meu Eu Superior. Naquela manhã, o Iluminado disse: "Este sonho foi enviado para ajudá-la a compreender a disciplina interior necessária agora, e a importância de praticar as lições que estão sendo dadas".

Foi-me mostrada então a importância de aprender a aceitar todas as pessoas no ponto onde estão, sabendo que cada uma passa por aquilo que precisa para sua própria evolução. A liberdade que veio para o coração e mente quando pude aceitar as pessoas expandiu-se até o nível subconsciente, onde barreiras interiores se romperam, ajudando a liberar medos, frustrações e muitas reações negativas que nos separam de outros e de nossa própria Realidade; às vezes nos levam a fazer e dizer coisas que são prejudiciais tanto para nós mesmos como para os outros.

Uma lição muitas vezes repetida e que ajudou a liberar o meu apego a coisas materiais me foi mostrada neste sonho: ouvi altas batidas no chão abaixo de mim e desci para ver o que acontecia. Algumas pessoas me fechavam com pesadas tábuas de madeira e senti-me aprisionada. Então elas explicaram: "Estamos fazendo coberturas protetoras para as portas e janelas, pois há avisos de que vem uma grande tempestade. Sabemos que a casa onde você mora é a mais forte e estamos preparando-a de modo que possamos entrar nela quando a tempestade chegar". Aliviada e feliz com sua confiança, voltei para cima, onde senti uma espécie de clarão descendo e me cercando, e, do meu interior, uma luz correspondente se irradiou. Acordei pensando neste sonho.

Foi-me dada a seguinte interpretação do sonho: "A casa onde você vive é mostrada como a mais forte – isto é simbólico de que o espírito mais positivo pode ajudar a abrigar aqueles que vêm até você na tempestade de seus medos e preocupações".

Na hora da meditação, na manhã seguinte, disse o Iluminado. "Seu sonho está relacionado com o grande impulso desta era em evolução, na qual as pessoas aprenderão a trabalhar juntas, em grupos, para o bem do todo. A nota-chave deste trabalho é a comunicação mais clara".

Entre as diversas indicações e revelações que mostram a rapidez da evolução do plano da humanidade, encontrei uma das mais claras, com respeito tanto a GRUPO como a COMUNICAÇÃO, em *Telephaty and the Etheric Vehicle* (Telepatia e o Veículo Etérico), de A. A. Bailey. Em relação ao trabalho grupal e telepático, há ali três injunções. Dou breves citações de cada uma:

"Primeiro: é essencial que vocês adquiram facilidade em sintonizar-se uns com os outros, com um amor mais profundo e compreensão... que cultivem um amor que seja cada vez mais fortalecedor e efetivo; um poder para suplementar ou complementar uns aos outros e que seja útil para o equilíbrio do grupo, como uma unidade de trabalho sob impressão espiritual... Segundo: Seu esforço constante... deve ser para criar um amor grupal com tal força que nada possa destruí-lo e nenhuma barreira se levante entre vocês; cultivar uma abertura no grupo de tal qualidade que seu diagnóstico de condições seja relativamente acurado; desenvolver e desdobrar a capacidade grupal de trabalhar como uma unidade... Quando alguns membros cessarem suas atividades, que isso não afete a vibração interna do grupo...

"Terceiro: qualquer empenho do grupo que envolva um esforço aplicado e unido para efetuar mudanças no enfoque da vida, ou numa técnica de viver, deve ser absolutamente desprendido, iniciado com a maior sabedoria e cautela, e ser mantido livre de qualquer ênfase pessoal... Esta é a primeira lei que governa a comunicação telepática grupal:

"O poder para se comunicar deve ser encontrado na própria natureza da substância."[7]

Eu tinha consciência, então, de que através da substância etérica nossos Eus Básicos conhecem sentimentos e pensamentos interiores, e que quando existe amor verdadeiro e aceitação a ligação com energias superiores abre o caminho para uma maravilhosa experiência partilhada.

Um interessante filamento aparecia em meus sonhos, nessa época, em relação a grupos e ao desprendimento de posses. Comecei a ter consciência de quão pouco da superestrutura que muitos de nós exigem para a segurança é realmente necessário a uma vida criativa e inspiradora. Os valores reais e essenciais foram focalizados de diversos modos, especialmente na meditação e em sonhos. Em um sonho, eu andava sozinha em bancos de areia numa baía, quando à distância vi uma grande onda que se aproximava. Corri rapidamente para uma estrutura na margem e subi tão depressa quanto pude até o nível mais alto, que se ligava com o flanco da colina. Continuei a subir cada vez mais alto pelo caminho, até que cheguei a uma aldeia que estava deserta. Sabia que as pessoas haviam fugido para um ponto mais alto e, assim, continuei na trilha.

De tempos em tempos olhava para trás e via as ondas se aproximando, cada qual atingindo um nível mais alto. Finalmente alcancei as pessoas, sendo que uma delas carregava um fardo de alimentos e pertences. Eu não tinha nada e então carreguei um grande fardo para uma criancinha que, grata, ficou a meu lado, guiando-me pelo caminho. Subimos continuamente, até que chegamos a uma bifurcação no caminho. Senti que haveria perigo ao seguir a trilha ao longo da montanha para a direita. Veio-me o pensamento de que isso tinha que ver com o materialismo ligado ao hemisfério esquerdo do cérebro, que controla o lado direito do corpo, e, embora muitas pessoas estivessem continuando nessa trilha, escolhi a subida no terreno mais alto, e senti que isso fora inspirado espiritualmente. A criança e alguns poucos ficaram comigo. A terra tremia sob nossos pés, mas a trajetória permanecia imperturbável. Chegamos a um pequeno jardim onde encontramos grãos e frutas ao lado de uma pequena casa de montanha. Aqui, sabíamos que estávamos a salvo e que poderíamos ficar – toda a escalada fora fácil e clara.

Este sonho me trouxe uma perspectiva mais clara do essencial na vida e da importância da partilha com os outros. Na hora da meditação que se seguiu, percebi que, para liberar o caminho ao trabalho maior da alma, devia abrir mão de meu apego a coisas, tais como preocupação com finanças ou o que quer que o futuro traga. Naquela manhã, na Catedral de Luz, o Iluminado disse: "A tarefa mais elevada para a qual você está sendo guiada é tão verdadeira e real quanto seu trabalho no plano da Terra, e ambos estão interligados. Quanto mais elevado o nível de consciência, tanto mais alta é a visão; mas, também, muito maior a influência e a responsabilidade".

Nunca eu vira a sabedoria do Iluminado falhar em atingir a meta daquilo que era necessário na minha vida. Às vezes a mensagem ia diretamente ao ponto, porém, com maior freqüência, ficava velada à minha mente consciente pelas limitações, ilusões e conceitos que agem como um filtro através do qual a mensagem tem de encontrar um caminho para atingir minha consciência. Muitas vezes, também, a lição parecia ser clara, mas, mais tarde, encontrava um sentido mais amplo, que surgia quando eu ouvia ou lia algo que já me parecia saber.

Havia também um aviso nas lições e nos sonhos. Uma manhã, meu Sábio Instrutor disse: "O trabalho está se desenvolvendo num plano mais real e exigente e, a não ser que seja totalmente aceito e cuidadosamente seguido, pode trazer pressão interna, mas cada passo é necessário. Para aqueles que realizam um engajamento mais profundo, esta é uma experiência sem perigo, dentro da luz da alma. Aqui, na Catedral, deixemos que a sabedoria seja revelada na luz protetora e no amor que a cerca".

O treinamento através de sonhos continuou, revelando meu estado de consciência. Dentro da memória subconsciente havia a profunda necessidade de pressionar para o próximo passo. Isto fora aparente desde a infância, mas este impulso subconsciente interior abriu e preparou o caminho para a tarefa maior que deveria seguir-se. Em meus sonhos, esta pressão interior para organizar coisas, para tê-las sob meu controle e assumir maior responsabilidade, resultava freqüentemente em eu não saber para onde estava indo, nos sonhos. Isto também havia sido verdadeiro em algumas das minhas experiências de trabalho e eu tivera de aprender a ter fé no processo que se desdobrava em minha vida e consciência.

Nunca estivera num safári africano, entretanto este sonho tinha uma incrível realidade para mim: eu andava ao lado de alguns carregadores na trilha de uma região bastante descampada. Alguns carregavam caixas na cabeça, outros carregavam grandes fardos separados por varas. Deleitava-me com a viagem, quando, de repente, tive consciência de não saber para onde estávamos indo. Imaginava quem estaria guiando o safári e era possível que eu mesma o estivesse fazendo. Quando chegamos a uma região alta, pedi uma parada e me adiantei para falar com o carregador-chefe. Estava pensando em como abordar o assunto, pois não desejava mostrar minha dúvida. Vi, então, duas lindas figuras à frente. Um homem de majestosa aparência voltou e disse: "Você não deveria estar andando só. VENHA". Levou-me de volta para o meio da fila onde havia um palanquim, no qual eu me esquecera de que estivera sendo carregada.

Assim que entrei, lembrei-me de toda a jornada, e o Iluminado, que estava à frente da fila, podia comunicar-se comigo perfeitamente. Ele disse: "Você já teve seu exercício por hoje". Isto me acordou e vi que era tarde demais para meus exercícios matinais de costume, mas sentia-me maravilhosamente refrescada.

A mensagem deste sonho me veio diversas vezes de modos diferentes – "Mova-se com a correnteza, desempenhando bem seu papel, mas não tente dirigir a representação ou dominar o plano. Sua preparação está sob sábia orientação, ouça simplesmente, ponha em prática as lições que lhe são dadas e cada passo será mostrado com clareza".

Aos poucos eu aprendia a seguir o conhecimento interior, sem fazer pressão demasiada no nível de personalidade, com seu impulso subconsciente para dirigir a ação em minha vida. Cada vez que eu me permitia seguir com serenidade a correnteza, abria o caminho para que as energias de luz, alegria e amor maior pudessem expressar livremente sua maravilhosa ajuda em minha vida. Dessa forma, uma direção era mostrada com maior nitidez e havia uma abundância de tudo aquilo que era preciso.

Algumas lições eram mais diretas e traziam ajuda para liberar conceitos de vida que me limitavam. Um dia, um amigo veio conversar comigo sobre os ritmos da vida. Desenhou um mapa simples e alargou minha mente com uma declaração e uma pergunta.

Ele disse: "As pessoas estão falando sobre nossa capacidade em permanecer no ponto mais alto de um ritmo, subindo para um nível de consciência mais elevado em vez de seguir a rotina usual. Você tem alguma experiência em relação a isto?"

Eu estivera tão treinada no passo imutável do ritmo que, a princípio, achei fácil aceitar tal pensamento. Então ele sugeriu: "Esta é, na verdade, uma subida em consciência e não em ritmos do corpo". À medida que explorávamos esta possibilidade, apareceram alguns pontos interessantes.

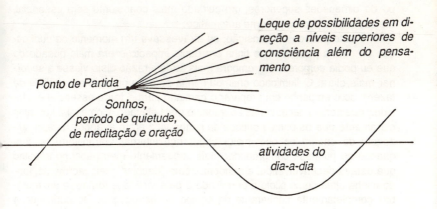

Vimos o ponto de partida como um avião se levantando no azul, que oferecia um amplo leque de possibilidades, desde um pequeno avião voando próximo da terra até uma enorme aeronave nas rápidas correntes do curso do jato. Este ponto de partida pode ser visto como um ponto crítico ou uma grande oportunidade para uma nova aventura; confiando nos Instrutores Internos ou ousando dar o passo desconhecido para a personalidade, mas que é claro para a alma. Quando não sentimos mais este ponto crítico como uma perturbação, mas sim como um aviso de mudança necessária ou algo novo emergindo em nossa consciência, então ele pode nos despertar e nos fazer decidir se aceitamos ou não a nova aventura, que pode conduzir-nos à consciência superior. Achei tudo isso de muita ajuda na compreensão dos medos, preocupações e preconceitos que limitam a visão das pessoas em relação à vida. Estava também consciente de seus sentimentos de perda de contato ou controle quando aqueles que amam tomam caminhos que não lhes são conhecidos.

Nossa discussão levou-nos a explorações mais profundas. Falamos do grande impulso nos corpos etéricos de todas as pessoas nesta época, abrindo o caminho para que o trabalho da alma se expresse mais facilmente. Para que esta energia escondida emerja, vimos a necessidade de um corpo, coração e mente fortes, além de um profundo amor e cuidado em relação a todas as pessoas. Aqueles que estão preparando o caminho para este trabalho vital nos demonstram o poder transformador das energias superiores como uma realidade viva. Através de alimento natural, pensamento claro, exercício saudável e trabalho amoroso, eles levam energias da personalidade para um equilíbrio com todo o ser. Estou certa de que, no futuro, num corpo de dimensões superiores, um cuidado mais consciente será essencial, até que todo o padrão se torne automático.

Neste período de transição, eu atravessava um momento de purificação do carma passado que tinha um duplo impacto e era mais pesado do que eu podia compreender, embora mais tarde a razão disto viesse a se tornar mais clara. O Iluminado chamou minha atenção para a necessidade de fazer todo o empenho em preparar o caminho para a força essencial e a lucidez que seriam necessárias ao trabalho mais elevado. Comecei a ver mais claramente que os pontos críticos de minha vida eram avanços na aprendizagem de encará-los com maior segurança interna. Garantiram-me que, quando eu pudesse compreender mais inteiramente meu papel no trabalho que estava desenvolvendo, aprenderia como "decolar" mais facilmente, tendo minha alma como piloto e permitindo à personalidade tornar-se um membro completamente cooperante da equipe de navegação. Descobri que a alegria desta liberdade, uma vez experimentada, poderia dar-me um novo e belo padrão para viver livre, tanto de não me deixar perturbar pelos outros como também para aceitar todas as pessoas, sabendo que meu amor e aceitação seria uma luz inspiradora dentro delas. Somente então poderia ser revelado o verdadeiro trabalho para o qual estou na Terra.

Movimentar-me através deste período foi uma das experiências mais desafiantes de minha vida; permanecer alerta ao perigo de deslizar para antigos modelos de reações, mantidos subconscientemente; manter-me receptiva a orientações suaves e mais distantes do Iluminado e, às vezes, estar dentro da consciência de minha alma. Tudo isso exigia discernimento, à medida que a força interior se desenvolvia.

Na meditação, cada dia, as lições ajudavam-me a aceitar a aventura que se abria diante de mim. O Iluminado disse: "É importante saber que, enquanto a alma se rejubila no despertar espiritual e no progresso da personalidade, nem ela nem o espírito são afetados pelo seu fracasso, limitações e lutas no plano terrestre. Assim, não deixe haver sentimento de culpa, enquanto se move através de lições e testes. Você tem uma tendência a sentir que a alma a está pressionando. Aquilo que você sente como pressão interna é o grande impulso dentro do corpo etérico, despertando o gigante adormecido da humanidade, na preparação do caminho para o próximo ciclo ascendente da grande espiral da vida. Deixe que cada momento seja claro e livre, sem necessidade de justificar, identificar ou perder tempo em imagens ou ações passadas, quer sejam suas ou de outrem. Seja livre do medo à medida que se move no palco para representar sua parte, usando os melhores talentos, capacidades e essência da experiência passada. Quando você flui com a corrente dinâmica do grande rio do espírito, sua jornada ganha asas e você pode ver, em perspectiva, as jubilosas aventuras da vida".

Foi-me mostrado novamente que a humanidade está no ponto mais importante da crise que jamais conheceu; um tempo de escolha: o de continuar no padrão de ênfase individualista e materialista, ou aventurar-se mais alto, levando a essência do passado para novas potencialidades. Isto não só a esclarece como também eleva e abre a consciência para as qualidades da alma. E assim está aberto o caminho para desenvolver a intuição, que é como um contato de rádio através da alma, conectando a humanidade mais diretamente com o grande Espírito da Vida e as energias do Universo.

Juntamente com as lições vinham os desafios, tais como este sonho: enquanto caminhava com um amigo, chegamos a uma árvore da qual restavam apenas algumas folhas. Os galhos eram velhos e desnudos, exceto por um grande número de vagens marrom-escuras, do tamanho de abacates pequenos. A pessoa que estava comigo explicou-me que esse era um alimento muito vital, pois as vagens deveriam ser levadas numa viagem para fornecer a alimentação necessária. Cada árvore as produzia apenas uma vez, durante um período de três anos, e então morria. As vagens deveriam ser apanhadas imediatamente depois que as últimas folhas houvessem caído da árvore. Sempre deveriam ser deixadas sete vagens na árvore para esta se reproduzir. As que eram deixadas arrebentavam e espalhavam se-

103

mentes numa grande área. Cada uma continha um grande número de sementes, que eram um alimento completo, mas não deveriam ser comidas até que a polpa fosse absorvida pelas sementes.

Dez dias mais tarde as últimas folhas haviam caído; o tempo chegara, e fomos colher as vagens. Colhemos somente as que saíam facilmente em nossas mãos. Enquanto acordava do sonho, vi que havia sete vagens restantes na árvore.

Na meditação, nessa manhã, o Iluminado chamou minha atenção para o sonho, lembrando-me da paciência necessária no equilíbrio dos ciclos da vida, tomando apenas aquilo que era de direito e permitindo que a abundância fluísse das sementes, tanto na minha própria vida como nas que fossem espalhadas e partilhadas com outros. Nessa aventura está a promessa de que muita ajuda será dada.

Sobre minha escrivaninha havia um livro, *Vision* (Visão), de Ken Carey. Abri-o e li:

"Durante a última parte do século XX da presente era, no terceiro planeta de uma estrela, num dos braços externos em espiral da Via-láctea, o Criador de todos estes mundos começa a surgir num sistema de circuito planetário, a meio caminho entre o tempo e a eternidade, acordando na família humana. Criador na Criação... Do modo como desperto agora, na consciência humana, se não parar, em apenas três dias as velhas instituições de medo terão sido completamente demolidas até que não seja deixada pedra sobre pedra, e nestes três dias o Novo Templo de minha Presença Viva emergirá com o amor entronizado no centro de toda a motivação humana. Entretanto, por sua causa, eu paro, porque se tudo isso acontecesse em três dias reais, poucos seres humanos sobreviveriam à transição. Portanto, tenho estado despertando gradativamente... e acelerando dramaticamente agora, nestas três últimas décadas que precedem 2011... Minha Presença está reorganizando todo o ser humano, toda a atividade humana. A Terra está mudando de um inferno regido pelo medo para um paraíso regido pelo amor."[8]

Capítulo 11

## CASA DE MISTÉRIO E A MÁSCARA QUE USAMOS

Certa manhã, acordei bem mais cedo que de costume e me permiti sintonizar com a luz e o grande amor do meu Instrutor Iluminado. Uma nova percepção se revelava, em nada semelhante a qualquer coisa que tivesse conhecido. Eu experimentava uma avaliação da minha vida e, ao mesmo tempo, olhava-a como se estivesse vendo um filme. Embora isso fosse como um sonho, parecia que estava acordada, pois tinha de fazer algumas escolhas. Era absolutamente impessoal num certo nível, pois me sentia separada daquilo que via; no entanto, à medida que olhava, tinha consciência de meus pensamentos e reações.

Eu entrava numa casa que tinha uma qualidade translúcida. Eu vivera no térreo dessa casa durante muitos anos, nunca tendo descoberto que havia mais andares belos e misteriosos acima de mim e que faziam parte da minha casa. Abaixo havia um porão, onde muitos sistemas mantinham a casa em funcionamento: sistemas elétricos e de aquecimento, despensa para alimentos, comunicações, arquivos, ar-condicionado. Mas, estando ocupada com minhas atividades, pouca atenção dera a tudo isso. Chegou um tempo no qual descobri que havia uma parte subconsciente de mim mesma encarregada de todas as atividades vitais de apoio. Isto me tornou curiosa e me fez procurar uma entrada para essa parte mais baixa de minha casa, mas, por mais que procurasse, não pude encontrar nenhum caminho.

Finalmente, parei de procurar um meio de me comunicar e fiquei sentada tranqüilamente, descansando, quando ouvi uma voz do alto instruindo-me muito claramente para que pegasse uma caneta e escrevesse o que me viesse à mente. Ouvi:

"Ouça, ouça, ouça a voz interior,

Ela sempre a ajudará a fazer a escolha certa

Ela sempre a guiará a salvo à medida que você for em frente.

Deixe que obrigada, obrigada, obrigada seja a canção de seu coração."

Idéias e respostas proveitosas começaram então a esclarecer algumas das perguntas e coisas frustrantes em minha vida. Após algum tempo, a voz me disse que havia outro andar mais alto em minha casa, escondido nas brumas do esquecimento. Isso me intrigou tanto que procurei por uma escada escondida que, me foi dito, me levaria acima do nevoeiro para uma linda parte da casa, onde eu encontraria uma vista magnífica e uma ligação com outras casas de níveis mais altos. Tornou-se claro para mim que seria necessário toda a energia positiva que pudesse reunir para atravessar o nevoeiro da ilusão, não perdendo nem tempo nem energia no passado ou preocupação com o futuro.

As lições interiores eram repetidas muitas vezes de modos diferentes, com a garantia de que, quando as colocasse em prática com suficiente esclarecimento, meus esforços me levariam a uma nova liberdade interior e segurança, assim como me ajudariam a enfrentar meus compromissos na vida com um objetivo e percepção mais claros, elevando a todos à minha volta.

Procurei em vão, em todos os cômodos da minha casa, por aquela escada escondida. Então, uma manhã, enquanto estava sentada na meditação imaginando o que mais deveria fazer, decidi pedir ajuda. Logo um brilho encheu o quarto e um belo ser de luz apareceu. Eu olhava embevecida, enquanto seu olhar passeava sobre a massa de bens que acumulara em todos os cantos de meu quarto. Nenhuma palavra foi pronunciada, mas em sua presença minhas coisas tão apreciadas começaram a parecer miseráveis e desorganizadas. Então ele começou a se mover através do quarto e eu o seguia enquanto ele me guiava através de um labirinto de obstáculos que necessitavam ser afastados. Cada um era mostrado com um raio de luz que era mantido ali até que eu pudesse ver quão inútil ou até mesmo prejudicial era, naquele estágio de minha vida. Finalmente foi revelada uma porta escondida atrás de toda a confusão. Assim que a vi, ele desapareceu. Ansiosamente comecei a limpar o caminho, removendo diversas coisas até que pudesse abrir a porta. Esta revelou um estreito lance de escadas e, embora fossem muito íngremes, rapidamente subi até o topo. Ali, à minha frente, havia uma magnífica área como um templo, cheia de suaves torrentes de luz dourada e azul. Enquanto fiquei ali parada, recebi uma mensagem garantindo-me que neste lindo lugar morava uma outra parte de mim mesma, numa consciência mais elevada. Então apareceu um radiante corpo de luz e me senti atraída para dentro dele, o que era uma experiência que inspirava espanto. A partir desse momento foi-me permitido subir por algum tempo todos os dias para ficar dentro dessa parte mais elevada de meu ser. Por vezes eu voltava para o andar térreo e tentava compartilhar um pouco dessa aventura.

Do nível mais elevado vi que havia muitas coisas bloqueando a escada tão completamente que, às vezes, eu mal podia achá-la. Como era ridículo perder tempo movimentando as coisas para cá e para lá para passar, especialmente quando eram bens completamente inúteis até mesmo para viver no térreo! Gradualmente, uma direção interior me ajudou a saber o que abandonar, e como encontrar e manter um equilíbrio mais verdadeiro. Através de tranqüila sintonia com as energias superiores, uma ajuda maravilhosa foi-me concedida, guiando-me em direção ao livro certo, ou à pessoa que me ajudaria a abrir o caminho para o passo seguinte ou confirmar uma lição interior.

Um dos lindos presentes dados foi a capacidade para construir imagens em minha mente, para visualizar a perfeita e bela totalidade de meu Ser. Achei esse dom de imaginação uma importante ligação com minha alma. Alguma ajuda muito prática também me foi dada no estudo dos ritmos da vida, que me mostrou como compreender os impulsos e potencialidades de viver o dia-a-dia, e de usar as melhores qualidades da vida para trazer inspiração e equilíbrio que me elevavam do estado de não-clareza e mediocridade. Em conjunção com esses ritmos, foi-me mostrado mais tarde que existem sete raios de energia criativa que são importantes instrumentos de uso para abrir uma via através da floresta da ignorância, ilusões e ligações que me cercavam.

Uma cena breve me mostrou como é fácil ser uma presa da ilusão. No final de um lindo dia, enquanto olhava a beleza do Sol e das nuvens, vi o Sol em sua glória descer para o horizonte. Entretanto sabia que, na realidade, o horizonte estava gradualmente apagando a luz do Sol à medida que a Terra girava. Isso era tão típico de algumas outras ilusões em minha vida que faziam com que por vezes eu me atirasse cegamente para a frente, caindo em situações confusas.

Logo tornou-se claro para mim que nada poderia impedir ou bloquear meu caminho, uma vez que tinha escolhido assumir firmemente a realidade das energias de um nível mais elevado de consciência. Estas lições me apoiavam através de caminhos difíceis, ao mesmo tempo que me preenchiam. Uma lição veio diversas vezes, sob formas variadas: "Quando você menospreza a vida olhando para o que não se deve fazer, é como se ficasse apenas diante do negativo de uma fotografia com sua escuridão e medos escondidos. Mas, quando olha para o alto, as energias superiores do Espírito da Vida fluem através de você, trazendo luz e alegria para revelar a foto, com beleza, amor, cor e inspiração".

Quando fiquei mais à vontade no andar mais alto de minha casa, uma importante hora era passada ali, a cada dia, na cura de outros. Essa era uma experiência de importância vital, pois liberava energias superiores em

107

minha vida, elevando a qualidade da minha atividade durante o dia. Isso me foi mostrado como sendo especialmente verdadeiro quando ajudava outros, pois o serviço abria um maior fluxo de energia. Sempre que estava no andar de cima, experimentava uma paz maravilhosa; entretanto, dentro dessa calma beleza, havia também poderosos raios de cura. Essa parte de minha casa era como um grande transformador de alta voltagem, e descobri uma poderosa linha de luz, através da qual as energias de cura se irradiavam.

O tempo voava e, à medida que me acostumava mais com essa corrente de energia de cura, comecei a imaginar qual poderia ser a fonte desse poder. Aproximei-me da poderosa Linha de Luz, dei um passo para a frente dentro dela e então tive consciência de uma presença; olhei para o alto e vi um belo Ser de Luz acima de mim. Nesse momento senti-me sendo elevada dentro da Luz, até que cheguei num outro andar mais elevado, com um brilho tão glorioso que só poderia ser descrito como uma Catedral.

O silêncio aí era penetrante, mas também era de cura. Dentro desse andar mais alto havia vastos espaços de grande esplendor e luminosidade. Havia uma inesperada sensação de conforto e um sentimento de segurança na presença desse Ser radioso. Ele imprimiu em minha mente que eu teria a oportunidade, se assim o escolhesse, de voltar a esse lugar vibrante para lições, em preparação para um trabalho mais preciso. De tempos em tempos, na meditação, voltei a essa bela Catedral para a inspirada ajuda oferecida.

Em uma das primeiras lições, foi-me mostrado que cada um de nós está vivendo numa casa de mistérios, na qual as partes mais belas esperam para ser descobertas. Eu observava, à medida que as lições eram inscritas num pergaminho. A seqüência de tempo me fez lembrar de um filme no qual em poucos minutos é mostrado o processo completo de formação de um botão e sua gradual abertura, até a flor completamente aberta. Cada lição chegava à flor lentamente, mas com uma realidade que me ajudava a compreender mais claramente as transformações que haviam ocorrido em minha vida. Da maior importância foi a mudança de minha anterior dependência de posição, dinheiro, lar e bens, que eu julgara necessárias para segurança, para uma nova segurança interna e mais profunda.

Juntamente com a visão do andar mais alto, haviam chegado esplêndidas oportunidades de serviço e uma abundância para preencher todas as necessidades, com muito mais para compartilhar com outros. Nenhum dos antigos prazeres e atrações igualava-se à alegria e ao amor, ou à harmonia e à força interior que se tornaram uma realidade tão bela em minha vida.

Enquanto presenciava este drama, podia me lembrar facilmente de muitas das experiências que haviam ocorrido em meus muitos anos de vida. Via mais claramente o objetivo de alguns de meus sonhos e desafios que atravessara, e a beleza e luz que chegaram quando aprendi a enfrentar provas e situações com uma atitude positiva, força interior e a ajuda dada continuamente através das lições na meditação de cada manhã.

Meu tempo se dividira entre as atividades nos dois andares mais altos e a experiência de vida comum no andar térreo. Da parte mais alta da casa podia ver ambos os níveis e comecei também a ver o fascinante jogo da interação de energias que ligava-os todos. Quando tinha coisas a resolver no térreo, tentava imaginar que ações correspondentes estariam acontecendo em cima, pois essa parte de mim mesma tinha uma visão mais ampla para ver as coisas com uma perspectiva mais clara. A vida nos diferentes níveis se tornou um pouco mais fácil de entender e gradualmente mostrou ser absolutamente deliciosa, com uma nova sensação de alegria e equilíbrio. Foi esse equilíbrio no corpo que me ajudou a unir-me com a maravilhosa energia universal que é incansável e ilimitada. Isso exigiu também equilíbrio com alimento natural, sono, exercício e serviço, mas, mais importante que tudo, era o tempo regular para meditação ou quietude a cada manhã, e, às vezes, durante o dia, se para isso fosse inspirada.

Era uma experiência esclarecedora e poderosa estar tão consciente, tanto da personalidade como dos níveis mais elevados, e isso me deu uma apreciação muito maior da necessidade de cooperar conscientemente com aquela parte de meu ser que tinha a maior visão do plano de minha vida. Aprendi o quanto de paciência, cuidado amoroso e energia necessitam aqueles que nos guiam, ao nos darem a ajuda e direção de que precisamos, especialmente nos períodos em que estamos cegos e fechados para a ajuda e a inspiração. Gradualmente, quando me tornei mais atenta à consciência superior com sua ação orientadora, fui capaz de me libertar mais das barreiras interiores de preocupação e limitações, abrindo o caminho para revitalização e serviço mais inspirado.

Logo descobri que parte da maior ajuda vinda dos andares de cima procedia da interligação entre Eus Superiores que se ajudavam mutuamente. Na quietude, certa manhã, o Iluminado me deu esta mensagem: "A bela interligação das almas, enquanto preparam o caminho para que as pessoas se encontrem, fornece a ajuda necessária a cada um em sua jornada interior, ou, quando estão prontas, as atrai para um Centro de Luz, à medida que esta Era Aquariana da ação grupal progride. As qualidades de luz, amor e alegria abrem o caminho em direção ao plano perfeito e à visão que permite que as almas trabalhem juntas, tecendo seus padrões entrelaçados, para ajudar as personalidades quando acordarem e aprenderem o papel que têm de desempenhar na vida, cena por cena".

Essa comunicação de almas era de alcance tão amplo que freqüentemente juntava pessoas de lugares distantes do planeta, que não tinham nenhum conhecimento um do outro nesta vida. Essa ação era inteiramente ilimitada, quando vista de cima. Foi-me também mostrado que no nível superior, acima da mente consciente, estamos preparando as próximas cartadas neste jogo da vida e apresentando-as numa sincronia perfeita, com o grau exato de desafio que é necessário, à medida que nos movemos para cima na espiral da vida.

Muitas lições foram dadas para me ajudar a compreender mais claramente os níveis de consciência, e partilho algumas delas, à medida que me chegam.

"Dentro de seu corpo físico existem muitos níveis de ação e energia e assim também os há na consciência. O corpo muda constantemente em sua forma para fazer frente às necessidades do Espírito que aí se abriga. Todas as coisas são relativas e é o sentimento de relatividade que revela a vida futura do indivíduo."

"Você deve reconhecer que esta experiência não está em um lugar, mas na consciência, e exige uma mudança do raciocínio mental para a intuição. Uma compreensão da relatividade pode ajudar você a aceitar a realidade de tudo isso. Quando o nível mental se tornar mais desenvolvido e positivo, ele será controlado tal como a batida cardíaca ou a respiração e os outros sistemas em seu corpo. O próximo passo na evolução humana será aprender a trabalhar com a intuição, assim como você agora está aprendendo a controlar a mente. O dom da imaginação é de ajuda, à medida que você se movimenta para a frente neste período de transição."

"Quando você aprender a dominar um nível, ser-lhe-á dada a consciência do próximo, mais alto. Não existem limites para seu progresso, exceto os que você e sua cultura criaram. No interior dos níveis superiores da consciência existe todo o conhecimento e energia de que você precisa para dar equilíbrio e domínio à sua jornada interior e à experiência e aventuras exteriores. O corpo humano é um instrumento miraculoso e engenhoso, que pode fazer tudo o que você precisa para seu progresso, mas você tem de compreender as instruções que acompanham este dom da vida. Muito ainda está por ser revelado. Quando as coisas mais simples estiverem dominadas, você poderá começar a se abrir para as mais adiantadas e mais delicadas. Todas estão sendo guardadas em custódia para seu uso, à proporção que você estiver pronta e inspirada. Sua habilidade em enfrentar os desafios e testes da vida irá determinar o que estará disponível em seguida. À medida que você se torna mais consciente da ação no nível da alma, pode ver o caminho na Terra mais claramente. A ligação se torna um meio mais real de comunicação."

"Não existe nenhuma vida sem o 'sol do Espírito' brilhando dentro de cada átomo do mundo mais denso. Ele brilha através dos corpos de bilhões de pessoas, até mesmo naqueles em que a consciência não está desperta;

ele respira através de sonhos e no serviço aos outros. À medida que as pessoas despertam uma a uma, elas anunciam a aurora e o nascer do sol do Espírito, de onde procede toda a vida. Elas vêem ainda este poder dentro delas mesmas, dando direção e sentido a suas vidas, guiando-as para um serviço mais efetivo, cheio de alegria e para o bem de todos."

Penso que, às vezes, as coisas mais simples são as mais difíceis de serem postas em prática, tal como esta breve lição: "Proteja cada palavra em seu uso; deixe que seja inspirada e guarde-a bem, pois cada palavra é como um 'vestíbulo de espelhos' que reflete de volta e de muitas maneiras, segundo cada um que a lê ou a ouve".

Para meu deleite, cada nova área de conhecimento trazia uma maior liberdade e energia espiritual. Enquanto aprendia a pôr as lições em prática, comecei a ter um lampejo daquela visão mais elevada e sabia que nunca mais ficaria satisfeita com os limites auto-infligidos de minha personalidade. Estava sendo desafiada e encorajada a me preparar mais profundamente para algum trabalho importante, e, quando resolvi fazer disso uma prioridade em minha vida, houve uma maravilhosa resposta do sábio e resplandecente Ser que me havia estado ensinando.

Uma manhã, depois de uma visão compreensiva de minha vida, o Iluminado disse: "Trancado em sua memória está o desenrolar completo de sua vida, desde o começo da criação; desenhadas aí estão as vidas que você levou e as dívidas cármicas que devem ser saldadas. Mas agora é essencial que você viva integralmente no presente, para que seja capaz de se abrir às ilimitadas energias do espírito e para criar tudo aquilo que é necessário dentro dos níveis de sua consciência". Ele me levou então a uma área da Catedral de onde podíamos olhar para cima e lá no alto vi uma gloriosa luz de majestosa beleza. Ele me lembrou de que aquilo também era uma parte mais elevada de meu ser.

Ainda acho que é um desafio mental ter consciência de que além de minha alma existe outra parte superior de minha consciência. Percebendo meu espanto, ele chamou minha atenção de volta ao tempo em que, na meditação do Templo, foi dado ao meu subconsciente o nome de Katharin. Então vi Sara dentro do belo corpo áurico do Eu Superior Aumakua. Ele tomou simplesmente as iniciais desses nomes e formou-os como cubos de criança:

| | | M |
|---|---|---|
| A | | A |
| S | Em seguida, acrescentou | S |
| K | outro cubo e isto se tornou: | K |

Ele explicou: "Sempre existe uma ligação unificadora de um nível superior para o seguinte. O Templo da Totalidade continha uma energia de ligação na qual a personalidade e a alma podiam se misturar no trabalho de cura, gradualmente ajudando os outros a encontrar seu próprio Templo interior da alma. Então veio um nível de consciência, sequer imaginado antes, e nós, que a guiamos, a trouxemos para a consciência desta bela Catedral de Luz. É aqui que você está tomando consciência da ligação entre a alma e o nível monádico. Essas partes de seu ser formam uma MÁSCARA para o Espírito magnificente que brilha através de toda a forma. Você vê isto como uma Linha de Luz vinda através dos níveis superiores da consciência, até os que estão mais abaixo; ela brilha através de todos os níveis trazendo vida".

Enquanto olhava, vi a luz radiante de muito acima de nós fluindo através da MÁSCARA. Senti a luz entrando em cada célula do meu corpo e ouvi a mensagem: "Sua verdadeira Realidade é a luz do Espírito brilhando através da MÁSCARA de seu ser". Então vi que a luz brilhava mais poderosamente através da parte mais alta da MÁSCARA, e estava sendo transformada no nível da alma antes de entrar nas duas partes mais baixas do plano terrestre.

O Iluminado continuou a lição: "Seus corpos são como a lamparina de óleo que você conheceu quando criança – o corpo físico é como aquela base mais pesada onde fica depositado o óleo; o corpo da alma é a parte superior que sustém o pavio, e a parte mais delicada, o corpo monádico, é como a luminária de cristal. Porém, VOCÊ não é nenhuma das partes dessa lamparina, nem mesmo a mais elevada, que está aberta para o espírito. Você é a LUZ dentro dela! A máscara é como essa lamparina que precisa conter a Luz do Espírito dentro dos níveis físico e etérico do plano terrestre. Em cada átomo da MÁSCARA a Luz do Espírito leva seu poder; todos estão sendo transformados. Da mesma forma que a eletricidade é transformada em luz e calor, o carma escuro pode ser transformado em luz, ao passo que o calor do Amor é de cura, permitindo que a radiância, a alegria e a luz interior brilhem sobre o palco do progresso espiritual".

"A Vida continua por trás e dentro da MÁSCARA, invisível, entretanto bem guardada com grande amor, trazendo tanta luz, alegria e sabedoria quanto você estiver aberta para receber. Isto liga você com todos aqueles cujas vidas e trabalhos afetam a sua própria, e constrói uma ponte para que você atravesse, eventualmente, para um nível mais alto. Mas não tente remover o barco antes que a ponte esteja construída, pois a alma conhece seu passo, seu trabalho e os limites de sua personalidade."

Enquanto ouvia, este poema fluiu através de minha mão:

## A MÁSCARA

"Atrás da Máscara moram os anjos,
A chama da vida em cada célula.
A ligação com cada novo nível dá
Maior sentido a tudo o que vive.
Por maior que seja o desafio a ser enfrentado,
Por mais que lhe seja revelado, no entanto
Apenas através de um coração e mente abertos
Você encontrará a preciosa guiança.
Através de símbolo e sincronia,
Todos os níveis mostram relatividade;
Levando a atenção e a energia para o alto,
A escória se queima no fogo do Espírito.
Com o amor enobrecendo mente e coração,
Por trás da MÁSCARA desempenhe bem seu papel.
Levante o véu que vela os tesouros da vida;
Alegria e luz da alma em sua verdadeira medida."

Enquanto ouvia, soube que cada pessoa usa uma Máscara através da qual o drama da vida é desempenhado, mas a maioria de nós apegou-se tanto à Máscara que esquecemos de quando a colocamos. Assim, temos agora de descobrir, reconhecer e SERMOS aquele que está usando a Máscara. Em cada palco da vida, ou encarnação, mudamos a parte inferior da Máscara, ao passo que a parte superior permanece quase que a mesma. O peso da Máscara se torna menor à medida que abandonamos muitas das ilusões e apegos. Quando acordarmos mais completamente para nossa Realidade, num DIA GLORIOSO, poderemos remover a MÁSCARA inteiramente e desempenhar nosso papel num reino mais elevado.

Saí deste período de transição com uma sensação de grande alívio, tendo finalmente atingido a claridade da luz interior.

Mas houve também alguma dor interna, pois na experiência verdadeira minha personalidade atravessara alguns testes difíceis e, nesse processo, muito da "escória" fora queimada. Foi apenas quando a luz interior ficou completa e clara que pude ouvir a mensagem do Iluminado:

"Agora é o tempo de abandonar todas as imagens passadas, todas as dúvidas e medos, e mover-se inteiramente com a pureza da luz interior e o calor do amor que cura, em direção à tarefa maior que a espera no Reino das Energias Superiores."

*PARTE III*

## NO AZUL – NAVEGANDO SEM MAPA

# INTRODUÇÃO

O período de transição, sem Templo ou Anjo da Guarda, fora uma dura escalada, uma espécie de peregrinação, tal qual a descrição feita numa carta que recebi na época.

Meu filho estava na China havia dois meses com a Companhia Central de Ópera de Beijing, dirigindo um musical baseado no Ciclo Místico da Vida — "The Fantasticks", que deveria viajar pelo país durante alguns anos, levando sua mensagem a milhões de pessoas. Nessa oportunidade, ele fez uma peregrinação, com dois amigos chineses, ao Monte Tai, local da inspiração de Confúcio, sobre a qual depois ele escreveu:

"A cena nos lembrou nossa subida ao Monte Fuji, quando estávamos no Japão. Mas, desta vez, devíamos subir uma escada, por cerca de três horas, sem parar. Desaparecemos nas nuvens, e mais acima fomos atingidos por ventos e um pouco de chuva; a temperatura caiu quase ao ponto de gelo e lutávamos para ir adiante. Havia pequenos albergues no cimo, onde encontramos um quarto com cobertores e enormes casacos pretos para nos aconchegar e dormir à noite.

"Levantamo-nos ao amanhecer para tomar uma tigela de sopa de arroz. Num céu azul, o sol nascia com toda a sua magnificência, e a beleza das forças naturais nos inspirava com grande perspectiva."

Essa ascensão muito me lembrou aquela que eu acabara de fazer no período de transição. Subindo com amigos que eram uma novidade para mim, em outra cultura, mas interligados num plano mais elevado, e com carinho profundamente confortador, havíamos atravessado nuvens de alguma negatividade e muitas mudanças. Avançando ininterruptamente, conseguimos chegar ao cume e constatamos que as nuvens, que antes pareciam escuras, eram, na verdade, muito claras quando vistas de perspectiva mais elevada. Cada um de nós tinha um objetivo, purificando e preparando o caminho dentro do plano maior. Num intervalo de descanso, de madrugada, olhei para o magnífico "nascer do sol" de um reino maior. Essa peregrinação havia me dado uma perspectiva necessária que maravilhosamente me inspirara para a tarefa maior.

Capítulo 12

## NUM SONHO, UMA NOVA DIMENSÃO

Eu cavalgava um belo cavalo branco numa encosta tranqüila. Quando parei numa clareira para gozar a vista, ouvi o tropel de muitos cascos e vi um grupo de cavaleiros que se aproximavam. Eles pareciam militantes, como um pequeno exército. Bem do fundo de meu ser me veio um aviso e, por um momento, tive o impulso de tentar fugir, mas em seguida senti que deveria ficar e enfrentar. Quando eles chegaram bem perto, com um movimento rápido e inesperado um dos cavaleiros levantou um fuzil e atirou em meu cavalo, que caiu, e, quando consegui me desembaraçar, levantei-me um pouco para o lado, desapontada e com a cabeça baixa. No mesmo instante, uma pessoa que eu conhecia bem e em quem confiava apareceu ao meu lado. Pouco depois, ela disse: "OLHE!"

Olhei para cima e vi que meu cavalo havia se levantado e estava em pé, imóvel, com um espírito incrivelmente corajoso; ele era como uma estátua, maravilhosamente iluminado. Fui em sua direção, mas, assim que me aproximei, ele estremeceu e caiu morto. Com muito amor, coloquei meus braços em torno de seu pescoço e deitei minha cabeça sobre a dele.

Senti, então, toda a preocupação me deixar e o glorioso espírito do cavalo envolveu-me com sua grandeza, coragem e força. Era como se uma luz estivesse se irradiando de meu corpo.

Muitos se aproximaram de mim, mas eu permanecia imóvel, sem olhá-los. Estavam a uma pequena distância e eu sabia que formavam um círculo à minha volta. Aparentemente esperavam por alguém. Depois de algum tempo, ouvi o poderoso eco dos cascos de um possante cavalo que se aproximava de mim. Braços fortes e delicados me levantaram e uma voz autoritária disse tranqüilamente: "VENHA!"

Olhei para o alto e vi a esplêndida figura de alguém que parecia ser o chefe do grupo, uma espécie de comandante. Ele tinha olhos muitos belos que me garantiram que não precisava temê-lo. Ele me alçou para a sela ornamentada de seu grande cavalo branco e começou a conduzi-lo lentamente, com passadas firmes e poderosas. Não me senti como uma cativa, mas num lugar de honra. Ouvi o grupo nos seguindo, todos andando em seus cavalos, quando acordei. Perguntei-me quem seria o comandante que me guiava com tanta autoridade e ao mesmo tempo com suave cuidado amoroso, e seguido por todos com grande lealdade.

Ao anotar o sonho, tive, de repente, um sentimento de grande perda e comecei a chorar incontrolavelmente. Em pouco, experimentei uma sensação de grande alívio, como se estivesse finalmente livre para uma nova aventura. Sentada, sossegadamente, lembrei-me da penetrante luz de Vênus, que, por ser tão poderosa, aparecera no poente apesar das nuvens. Pensei, então, no encontro que tivera com "H", na tarde anterior, cujo sentido estava inteiramente compreendido naquela única palavra do sonho: "OLHE!" Apanhei uma cópia do *Gita* que ele me dera, abri-a e li:

"O Senhor abençoado disse: atingir o não-manifestado para as almas encarnadas é realmente árduo. Mas aqueles que derem toda a sua ação a mim... que fixam a sua consciência em mim... antes que se passe muito tempo eu os livrarei do mar da existência dirigida para a morte.

"... melhor do que o conhecimento é a meditação; do que a meditação, a renúncia aos frutos da ação; a ela segue-se imediatamente a paz."

Durante muito tempo fiquei sentada em profundo silêncio e gradualmente senti-me encher de luz e da sensação de um novo reino.

Na manhã seguinte, esta explicação esotérica me foi dada para o sonho:

O BELO CAVALO BRANCO – o padrão de vida que você agora supera.

A LINDA ENCOSTA TRANQÜILA – a situação na qual você se encontra, porque seu padrão anterior foi muito positivo e belo.

UM GRUPO COMO UM PEQUENO EXÉRCITO – um sub-raio do Primeiro Raio, a energia de destruição.

LEVANTOU UM FUZIL E ATIROU EM MEU CAVALO – libertou a VIDA que estava prisioneira da velha forma.

O CAVALO SE LEVANTARA – as velhas forças fazem todo o esforço possível para permanecer.

O ESPÍRITO GLORIOSO DO CAVALO – cercou você com sua grandeza, coragem e força – a essência do passado é sempre Amor, Luz e Poder.

OLHE PARA A ESSÊNCIA E NÃO PARA A FORMA; UM PODEROSO CAVALO VEIO DIRETO PARA MIM – é a nova trilha, o novo padrão que pode LEVANTAR-SE COM UMA VOZ DE AUTORIDADE.

Mover-se para uma aventura inteiramente nova é seu próximo passo.

As "nuvens de névoa" no plano físico são as situações criadas em planos inferiores de consciência. Mas a luz de Vênus apareceu mesmo através das nuvens de névoa.

O Primeiro Raio destrói e o Segundo Raio vem e dá o impulso para a criação da nova forma.

A esplêndida figura do Comandante é simbólica do Segundo Raio. "H" era o Terceiro Raio, que veio para trazer a compreensão do sonho e deste processo. Ele disse: "A Trindade está completamente sintetizada para você (Primeiro, Segundo e Terceiro Raios) nas frases do *Gita* – à renúncia segue-se imediatamente a paz. Renúncia é o termo esotérico referente a um estágio mais elevado no progresso espiritual".

Aprendi que o Primeiro, o Segundo e o Terceiro Raios se combinam para formar o Sétimo Raio, que, com sua qualidade mágica, traz ordem, coordenação e a presença do divino em todas as coisas.

Mês após mês este sonho deveria revelar, cada vez mais claramente, o curso da viagem por mares não-mapeados, desvendando um novo reino.

Capítulo 13

# UMA VIAGEM NA CONSCIÊNCIA

Uma manhã bem cedo, na hora de quietude, senti um momento de total integração entre mente, corpo e espírito. Nesse minúsculo intervalo, meu Instrutor Interno enviou-me um *flash* intuitivo, mostrando-me que uma nova viagem na consciência estava iminente. Tendo aprendido que antes de uma nova aventura vem sempre um período de preparação, tentei descobrir que indicações teriam havido, em minha meditação, sobre o que estava se desenvolvendo. As mudanças, a princípio, têm uma nota de fantasia para mim, mais do que a sensação real de uma experiência vivida.

Ao tentar rever as indicações anteriores, lembrei-me de um belo desenho que me intrigara, enquanto descansava com os olhos fechados, em silêncio profundo: de um ponto azul-violeta expandia-se uma luz vibrante, tal como uma flor que abre suas pétalas, preenchendo todo o meu campo de visão com raios de energia. Discerníveis somente na luz azul, havia pequenos dardos coloridos, empurrando para trás ou transmutando algumas áreas escuras. Gradualmente, os raios convergiram para o ponto brilhante original. Esta experiência me trazia um intrigante encantamento e a afirmação de alguma força interior, como um rastro de luz que me preparava para uma nova mudança. Através do reconhecimento das nossas resistências, mostradas em sonhos ou na claridade de uma experiência especial, nossos guias nos conduzem com grande sutileza.

A indicação seguinte viera na presença do Iluminado. Lembraram-me de uma ocasião anos antes em que, numa meditação, eu fora levada a um lugar onde havia diversas figuras luminosas, e me fora dito que eu fazia parte daquele grupo. Na época houvera uma primeira referência sobre alguém que passara com ele para tarefa mais elevada.

Minha segunda experiência com o grupo fora quando seus elementos radiantes de luz haviam se reunido à minha volta, no Templo da Totalidade, quando assumi um importante compromisso. Numa fração de segundo lembrei-me do que se tratava: minha parte no trabalho conjunto seria no plano terrestre.

121

Lentamente, uma nova realidade vinha à minha consciência e se confirmava, à medida que a ação no plano da alma ia permeando minha vida diária. O desenvolvimento de um plano fascinante, claramente preparado a partir de lá, trouxera a inspiração para "H" ir do Brasil à Europa, até a Comunidade de Findhorn, no norte da Escócia, onde leu um comentário de um livro que eu havia escrito. Isto o convenceu a esperar minha volta de uma estada no hospital, para conseguir falar comigo. Muito antes de nosso primeiro encontro, nossas almas estavam desenvolvendo um plano de auxílio mútuo, na preparação para esta transição de eras. Isso incluiria também minha participação no Centro de Luz, que se construiria como um milagre numa região montanhosa do Brasil. Estava certa de que esse Centro seria o local perfeito para a nova aventura que se desenvolveria em minha vida.

A cada manhã eu entrava na poderosa Linha de Luz e, na tranqüila consciência de minha alma, era elevada para as lições na Catedral. Mas essas áreas da consciência ainda estavam muito além daquilo que era real para mim, pois elas continham um pouco do belo trabalho de cura que fora uma parte de minha vida no Templo. Uma manhã, meu Instrutor Interno fez-me uma promessa de que, quando eu estivesse mais preparada para aquietar-me, ouvir e cooperar completamente com a minha alma, haveria um trabalho maior de cura. Sentindo minha ansiedade em saber mais sobre isso, ele guiou-me silenciosamente para uma nova área, onde vi uma luz ligando a Catedral a um magnífico reino de planos, edificações e pequenas torres de irradiações azuladas, com um grande facho luminoso, em espiral, no centro. Ele me explicou que naquele lugar eu encontraria o Grupo de Almas ao qual pertencia. Apontou para uma torrente de energia de um azul mais escuro, que disse ser o condutor da vibrante força de cura de Amor e Sabedoria com a qual o Grupo trabalhava.

Tendo captado meu interesse, voltamos para as lições que me iriam preparar para essa nova aventura. Elas enfatizavam, freqüentemente, a importância de servir e ajudar os outros como uma parte dessa preparação. Quando perguntei qual seria a melhor ajuda a ser dada aos que a pedem, ou são atraídos carmicamente para nós, o Iluminado colocou-me uma verdade simples que responde a muitas perguntas: "Aprenda a ver a luz interna em todas as pessoas. Aquilo que você vê se irradia no contato com o seu olhar e ajuda a trazer para fora o que de melhor existe nelas. Quando você vê a vida de um nível superior, ela se torna clara, significativa e real".

Mais tarde, na lição daquela manhã, ele disse: "Quando o Sol brilha em direção a um corpo, este projeta uma sombra; quando a luz interior do Espírito brilha através da alma, a personalidade, da mesma forma, também projeta uma sombra. Estas sombras apenas mostram o contorno do corpo, ou da personalidade, e muitas vezes são grandemente ampliadas. A sombra da personalidade inclui as dívidas cármicas a serem transmutadas pelo amor e luz que atingem a mente consciente através da alma. Sua cooperação no nível da personalidade é essencial e se tornará um dom maior do que você pode agora compreender. Isto abre mais a ligação com as poderosas energias de luz e alegria do Espírito para atingir o Raio de Amor e Sabedoria. Estas duas correntes de energia têm sido trazidas mais intensamente para o corpo etérico das pessoas da Terra, nos últimos anos deste século, pelo divino Protetor do planeta".

Mostraram-me então a rápida mudança da ênfase dada antes ao indivíduo, para o grande e novo impulso planetário de viver e trabalhar em grupos. Enquanto falava com um diretor de sucesso sobre seu enfoque na direção de uma peça, ele disse: "Formamos um grupo no qual todos se ajudam para apresentar a melhor, mais vital e convincente peça que for possível. Esta é a era da ação grupal, na qual todos são ajudados, e até mesmo a platéia é inspirada a assumir um papel de apoio".

Algumas horas mais tarde, no horário da meditação grupal, senti o poder do grupo de Nazaré, e, como uma confirmação, a magnífica luz azul-violeta veio de novo com sua radiação poderosa. Como uma valiosa dádiva, ela me envolveu com sua beleza, e chamou-me a atenção para minha alma dentro do Grupo mais elevado. A energia e a presença dessa luz interligante permaneceram comigo durante toda a tarde.

As lições na Catedral de Luz continuavam a indicar-me uma amplitude de compreensão maior, com um elemento de entendimento claro de que o trabalho com grupos era de vital importância.

Minha primeira aproximação consciente do reino de radiante luz azul e do Grupo de Almas veio pouco depois da perda do Templo. Uma manhã, com bastante dificuldade, consegui concentrar-me durante alguns minutos no jardim, perto de onde o Templo estivera. Ouvi, então, meu nome ser chamado e aproximei-me do pequeno lago, onde um ser evoluído, que fazia parte do Grupo Superior, me saudou silenciosamente e deu-me tempo para descansar na linda vibração das flores e ervas. Em seguida, caminhamos pelos jardins, até chegarmos à entrada de um grande templo formado por árvores. Havia tanta beleza e harmonia no suave canto dos pássaros e na luz e cores em movimento que meus pensamentos deram lugar à sabedoria da alma. Quando entrei, senti os últimos restos de peso serem eliminados. Quando o ser evoluído que me guiava entrou, ouvi a bela e clara melodia de sua vida e soube que a minha, embora harmoniosa, era muito mais fraca: naquele momento, senti necessidade de mais força e de uma experiência mais profunda. A luz à nossa volta aumentou com a presença do Iluminado, que imprimiu em minha mente esta breve mensagem: "Você está sendo preparada no plano terrestre para representar o poder de cura do Grupo. Este ser evoluído, que daqui em diante será conhecido por você como Martreb, foi designado para ajudá-la, pois suas barreiras mentais ainda são grandes demais para que você trabalhe sozinha".

Senti seu amor e bênção, enquanto Martreb me guiava para fora do templo de altas árvores em arco, e para o jardim, onde um magnífico feixe de luz azul apareceu. Seguimos essa luz, gradualmente nos elevando para um nível superior, onde encontramos energias mais poderosas do que qualquer coisa que eu jamais tivesse experimentado. Prosseguimos até uma ampla câmara de luz azul, onde encontramos o Grupo. Seus corpos apareciam numa suave luz dourada, que me deu a sensação de ser um deles, pois esta era a cor das vestes que minha alma usara no Templo. Tive consciência de que neste nível todos eram andróginos, embora sentisse que o poder vindo de Martreb era de uma energia masculina.

Cada um estava diante de uma cadeira, arrumadas em círculo, sendo que uma delas era mais baixa e sem ninguém à sua frente. Pensei então que, por ser novata no Grupo, aquela fosse para mim, mas, quando dei um passo adiante, senti uma mão me segurando. Tudo era silêncio, mas havia um sentimento de grande expectativa. O suspense cresceu quando uma majestosa figura em mantos de azul-real entrou e, dirigindo-se diretamente à cadeira baixa, sentou-se silenciosamente. Os outros permaneceram de pé, até que foi dado um sinal por esse Ser.

Martreb, que ficara ao meu lado, conduziu-me para a frente, colocando-me defronte daquele Ser Radiante, que parecia dar-me boas-vindas, sendo que eu podia sentir que ele via, através de mim, todos os níveis de minha consciência. Finalmente, ele perguntou: "Você está pronta a aceitar o ensinamento superior para o trabalho com o qual se comprometeu?" Lembrando-me de como a experiência da manhã me ajudara, respondi que me sentia pronta para tal aprendizado. Então ele continuou: "Você aceitará mais plenamente a ajuda daqueles que são inspirados a ver os objetivos de sua alma com maior clareza?" Eu disse: "Sim. Sei que necessito desta ajuda". Ele fez, então, uma pergunta para a qual eu não estava preparada: "Você estaria pronta para permitir que determinada escrita viesse através de sua mão?" Hesitei por um momento, mas com a certeza de que isso seria protegido por uma luz superior, eu disse: "Sim".

Só então senti o seu amor e o maravilhoso apoio de Martreb e do Grupo. Numa voz suave, ele disse: "Esta ajuda virá até você de vários níveis e fontes". Lentamente, toda a cena se desvaneceu e eu estava sentada sozinha em meu quarto, imaginando, tentando me lembrar de toda ela, e, ao mesmo tempo, experimentava um profundo conhecimento de que a cura era meu compromisso, e de que os anos de trabalho com ela no Templo eram uma preparação para algo mais importante, em que eu estava profundamente envolvida com o Grupo.

Mais tarde, naquele dia, em meu período usual de partilha com "H", ele foi inspirado a falar na necessidade de cura do planeta. Eu nada dissera sobre minha experiência da manhã. Lembrei-me, então, de que deveria receber treinamento em muitos níveis e soube que uma parte dele seria confirmado por "H". Portanto, eu deveria ouvi-lo e ser grata por seu conhecimento. Na manhã seguinte, na hora de quietude, foi-me dado este aviso: "Existe uma grande tentação, no nível da personalidade, de partilhar uma experiência interna, ainda em processo, com outra pessoa, na expectativa de receber dela uma aprovação. Entretanto, isso só deve acontecer quando em profunda sintonia com a alma; caso contrário, a energia do aprendizado em curso pode ser dispersada nas mentes de outros. As palavras internas, 'Não diga nada a ninguém sobre isso', projetaram seu trabalho anterior enquanto ele se desenvolveu. Existe um impulso negativo sutil escondido na divulgação precipitada de algo em processo, antes que o tempo esteja correto e sua fé segura".

Em seguida a essa experiência, comecei a ter consciência de que, cada vez que vinha à Catedral para meditação, sintonizava-me com o reino de luz azul, que me fazia sentir uma ligação com o Grupo. Uma manhã, meu Mestre Iluminado guiou-me para um lugar do qual pude olhar para dentro da câmara de Luz Azul e imaginei se poderíamos entrar ali. Como se estivesse esperando que eu ficasse pronta, ele abriu o caminho e segui sem hesitação.

Cruzamos um curto espaço de luz, e logo me encontrei dentro do Grupo. Desta vez estava mais à vontade e mais em uníssono com eles. Sem que o visse entrar, percebi que o Mestre estava sentado em sua cadeira. A luz à nossa volta se tornou mais forte e senti um imenso apoio do Grupo. Era mais que um apoio, parecia ser uma espécie de gratidão. Tudo era silêncio. Por um momento tive consciência da batida de meu coração em meu corpo físico, como se ele estivesse comigo. Então, o majestoso Mestre me falou: "Seu coração e mente estão se abrindo como uma energia de ligação com o trabalho deste Grupo, trabalho que apenas pode ser executado com eficiência através de sua participação consciente. Sua boa vontade para se movimentar através de um processo de purificação é, agora, de vital importância. Haverá proteção, sendo que o único perigo é o de não se manter conscientemente acima do desejo ou da dor refletida nos centros inferiores da consciência. Isto não é dado como teste, mas como um serviço para o qual você está pronta e bem preparada. O amor e poder de cura do Grupo estarão com você o tempo todo. Descanse aqui com o Grupo, para maior luz interior e percepção espiritual."

Enquanto descansava, tive uma experiência extremamente fora do comum. Pensamentos atravessavam minha consciência vindos de membros do Grupo.

"O subsconsciente dela é absolutamente essencial nesta tarefa e deve ser suficientemente fortalecido."

"Sara aceitou, mas está à beira de querer retirar-se. Precisamos ajudá-la a saber que, embora não tenha procurado conscientemente esta tarefa, ela é extremamente vital para todos nós."

"Precisamos ajudá-la a aceitar integralmente este trabalho e a compreender que deveria ter sido feito anteriormente, mas, até que o corpo estivesse em equilíbrio e fortalecido, não era seguro para ela e poderia comprometer toda a experiência. Apenas agora ela tem a possibilidade de seguir adiante em segurança."

"Em relação à tarefa, ela precisa apenas cooperar integralmente e ter fé no poder da cura."

"Devemos ajudá-la a ter consciência de nosso apoio integral, fazendo-lhe ver que essa tarefa não é só sua, mas nossa também, pois estamos trabalhando como um único Ser."

"Podemos ajudá-la a documentar este processo através do livro *A Ligação com as Energias Superiores* quase que do mesmo modo pelo qual esta experiência está em ação."

Os pensamentos pararam de me atingir e senti apenas um grande amor. Encontrei-me então diante do Ser Sábio e Radiante, na cadeira baixa. Ele me perguntou se estava pronta para uma lição. Sentindo-me ao mesmo tempo desafiada e apoiada pelo Grupo, eu disse: "Sim".

Vi uma poderosa linha de luz azul partindo do corpo sutil de minha alma e continuando para baixo até meu corpo físico, que estava sendo bem cuidado pelo meu subconsciente e protegido pelo belo Elohim. A luz aumentou, irradiando-se através de um grupo na Terra e refletindo-se sobre todo o planeta. Descobri, depois de algum tempo, que ainda estava em pé diante do Mestre Sábio, que disse: "É necessário que esta ligação seja feita através de seu corpo e que ele esteja protegido na Terra". Não compreendi o sentido disso, mas senti, por um momento, uma gratidão avassaladora. Ele deu uma bênção especial e disse: "Volte lentamente".

Quando voltamos à Catedral, o Iluminado disse: "Uma força nova entrou em sua linha de luz a partir deste reino superior; o poder de cura respira através do Grupo como um único Ser". Então, foi me mostrado o trabalho do Grupo neste ponto específico no tempo, aberto ao tríplice poder de:

- O eterno Espírito da Vida, luz e alegria.

- O amor de cura, equilibrado pela Sabedoria do Raio de nosso Sistema Solar.

• O poder do Sétimo Raio, que vem aumentando de forma a fazer-nos compreender os rituais mágicos através do conhecimento de suas estruturas internas. Estes, por sua vez, vão sendo elevados em vibração, através da ligação unificadora com a alma.

Estes três pontos estão extremamente interligados e, na sua síntese, dão-nos energias de cura que despertam a consciência das pessoas desta amada Mãe-Terra, que a todos nutre.

Depois de um período de silêncio, ele transmitiu esta mensagem: "Dos corações e mentes de milhões de pessoas vem a oração pela paz, pela cura da Terra e especialmente do corpo vivente da humanidade. Aqueles a quem foi assegurada uma vida simples e menos ativa podem prestar um grande serviço vendo e irradiando o amor superior de cura a todas as pessoas deste grande corpo, através do mundo interno da consciência que liga todos na Terra. Este amor, quando expressado em suas vidas e em seus pensamentos e palavras, dissolve a ilusão da separatividade e ajuda as pessoas a assumir a responsabilidade de trazer tudo ao equilíbrio".

Cenas de muitos lugares no planeta mostraram-se rapidamente diante de meus olhos, fazendo-me ver que tempo e espaço são limitados apenas no plano físico. Nessa ação de um segundo vi que podia estar com o Grupo, não importa onde estivesse na Terra. Na beleza da quietude descansei, absorvendo a paz e as energias elevadas que estavam fortalecendo todos os níveis de meu ser para os dias que se seguiriam. Senti uma profunda calma interna quando voltei dessa meditação, trazendo comigo o resultado dessa força purificadora.

Naquela noite tive um sonho que me ajudou a compreender este período na Terra, quando este século se aproxima de seu final. Vi o planeta Terra como uma consciência na forma de uma grande árvore, plantada em nosso sistema solar há muitos e muitos anos. Ela crescia, ciclo após ciclo, até que muitos galhos e folhas se formaram, e houve algumas flores que desabrocharam, das quais apenas poucas se tornaram frutos, que eram levados para um nível superior. Cada longo ciclo fornecia mais galhos e flores, e os frutos aumentavam.

Vi então, neste século, o enorme crescimento da colheita desta árvore, e soube ser ela maior que a precedente. Vi, também, muitos seres de níveis superiores que vinham testemunhar esta expansão de consciência, protegendo-a e ajudando-a a se desenvolver. Sabia que teria boa vontade e estaria ansiosa para cooperar com aqueles que estavam nos apoiando. Podia sentir as energias radiantes e ter a sensação da fragrância dos botões e entrega do florescimento da personalidade, para ser absorvida no fruto, juntamente com as qualidades da alma.

127

Na meditação que se seguiu, meu Instrutor Iluminado disse: "A árvore que você viu no sonho produz realmente o fruto da consciência para a próxima era. Dê do fruto como lhe foi inspirado, pois nisto você estará sendo guiada sem perigo e com segurança. No passado, a humanidade trabalhou junto e em unidade num nível espiritual, e, então, veio a experiência mais profunda na matéria. Agora, juntamente com outros, você brota outra vez para trazer esta experiência e fazer a ligação entre os dois mundos, conhecendo as pressões, tentações, desejos e frustrações do corpo humano e todas as necessidades a serem transmutadas. Como uma planta forçando seu caminho através de todos os obstáculos, você persistirá na procura da luz, expressando a grandeza oculta, até que a florada e o fruto apareçam".

Fui, então, guiada para o Reino da Luz Azul, onde o Grupo estava reunido. No silêncio profundo, havia um poder concentrado, e, em seguida, uma nota alta soou de muito acima, fazendo surgir um fluxo de energia que se refletiu no Grupo, indo em direção a um corpo nos céus, que eu sabia ser Vênus. Isto formou um triângulo de força, fluindo num jato contínuo para um ponto acima da Terra, iluminando o corpo adormecido da humanidade com sonhos de um impulso purificador e trazendo visões de beleza e qualidades mais elevadas da alma. Impressionada com esta experiência, fiquei sentada em silêncio por algum tempo, enquanto o Grupo se movimentava em suas atividades.

Martreb me fez sinal para que o seguisse, enquanto se dirigia a um local inspirado, para uma ligação particular. Ele começou dizendo: "Dormindo ou acordada, você é uma parte deste Grupo, um elo necessário na Terra para trazer a ela certas energias indispensáveis à tarefa futura. O fluxo purificador do amor de cura se irradia, abrindo o caminho à bela energia criativa, conduzindo-a aos centros mais altos da consciência. Uma outra maneira de liberá-la é através da visualização do padrão perfeito externado. A experiência com o Raio de Amor e Sabedoria traz um poder que flui facilmente na meditação ou no sono, mas necessita da fé vinda da alma para afastar as limitações da mente inferior. Um fluxo de luz interna vem com cada inspiração e é especialmente poderosa na pausa entre as respirações, mas é o amor transformador que permite que ela seja conduzida eficientemente".

Permanecemos em silêncio por um breve período e logo Martreb continuou: "Este é um tempo para grandes passos na evolução da humanidade, no qual você está aprendendo a reconhecer o Espírito de Vida como sua realidade, enquanto ainda se encontra no corpo físico. Quando você vai diretamente ao reino do amor de cura, é como acender a luz num quarto escuro. Assim como a eletricidade, este poder interno está esperando para ser ligado e trazer a luz, o calor e a força, abrindo um novo mundo de energia".

Havia uma pergunta que me estivera intrigando e senti que podia fazê-la, pois estava tentando compreender onde a Luz Azul e a Catedral se localizavam, uma vez que as via partindo de dentro. Finalmente perguntei: "Onde está este belo Mestre Iluminado e onde estão minha alma e o Grupo?" Com seu modo encantador de colocar as coisas em perspectiva, ele explicou:

"Esta energia superior na qual você se vê não é um lugar – é um estado de consciência, um nível de vibração. Mas idealizamos para você uma estrutura como o fizemos com o Templo e seus jardins. Isto é apenas para dar à sua mente consciente e à sua personalidade uma sensação de realidade que tenha sentido em seu mundo tridimensional. Quando você se permite elevar em consciência, a mente mais elevada e a intuição a levam para outra dimensão de maior clareza e percepção. Vir do nível mais denso do consciente para a luz do reino azul, dentro deste Grupo de belas almas, é como entrar num avião em dia de nevoeiro e elevar-se através das nuvens para a claridade do brilho do Sol. De um plano mais elevado a vista é mais ampla, permitindo a constatação de que ambos os níveis são reais e revelam um quadro unificado da vida." Voltei dessa lição com Martreb tentando compreender onde tudo isso me levava.

Nessa noite, sonhei que era uma estranha numa grande cidade e ia me encontrar com um pequeno grupo especial que a conhecia bem. Uma das pessoas veio me cumprimentar e convidou-me para ficar com ela, enquanto fazia algumas compras. Depois, encontraríamos as outras para o almoço e iríamos juntas a um encontro muito importante. Em seguida, acrescentou: "Este é um prédio grande e complexo, dividido em duas seções. Existem nele dois restaurantes com o mesmo nome e direção. Vamos a um pequeno restaurante especial, vegetariano, no quarto andar". Estávamos fazendo compras no porão de uma grande loja, em meio a uma enorme multidão, pois era dia de ofertas. Não sei como me perdi dela enquanto as pessoas forçavam seu caminho. Depois de tentar por algum tempo encontrá-la, decidi ir até o restaurante e esperar. Subi sozinha no elevador e nele não havia indicação de andares. Quando parou, vi, com alívio, o nome do restaurante e segui os avisos até a entrada, onde me sentei num banco e esperei.

Muitas pessoas chegavam, mas nenhuma era do grupo. Depois de algum tempo, percebi que deveria estar no restaurante errado. Pedi informações e disseram-me que deveria descer ao térreo e passar por dentro de uma enorme drogaria que se abria para ambas as partes do edifício. Achei meu caminho através da loja e localizei o outro elevador. Pensei que, se conseguisse encontrar os outros antes que fossem para o local especial do encontro, tudo estaria bem, pois, de qualquer modo, não precisava comer. Estava esperando ao lado do elevador, quando acordei.

Vi que já estava um pouco tarde para meu momento usual de quietude. Acomodei-me imediatamente e comecei a respirar para acalmar meu corpo e liberar minha preocupação por estar atrasada. Ficando mais calma, entrei em meditação, na qual o Iluminado disse: "Sua hora de quietude começou no sonho, enquanto você esperava. É importante ter consciência do nível para o qual o elevador a está levando. Você deveria ir ao quarto andar, mas saiu no primeiro, daí sua confusão. Agora siga a Linha de Luz até o quarto nível. Seu Grupo está esperando por você".

Fiquei mais calma, até que as células do corpo reagiram com a luz interna, gradualmente; encontrei o Grupo esperando por mim e juntos subimos nos raios ascendentes de energia para o lugar de encontro da força de cura. Era bom estar reunida por algum tempo com o Grupo.

Ao partilhar este sonho e experiência, diversos pontos foram esclarecidos. Havia maior liberdade entre o sonho e a meditação, um indo diretamente para o outro. Um campo mais amplo de trabalho se abria, com um grupo mais experimentado, quer trabalhando individualmente, quer em conjunto.

Os diversos restaurantes mostravam maneiras diferentes de reabastecer as energias. O dia de ofertas indicava um tempo de grandes oportunidades para todos, e a ausência de indicação dos andares no elevador mostrava que deveria aprender a seguir minha própria intuição.

Na hora de quietude na manhã seguinte, o Iluminado apresentou-me um desafio, que eu deveria ter aceito mais rapidamente, sem qualquer sensação de perda. Ele disse: "Uma nova aventura está à sua frente. Você não precisa mais vir até a Catedral de Luz para entrar no Reino Azul. Agora chegou o momento de você ir diretamente até lá, dentro da luz de sua alma, do amor do Grupo e da sabedoria do Mestre Majestoso. É importante que você assuma esta responsabilidade com sua própria força interior".

Fiquei perdida em pensamentos por algum tempo, imaginando como alcançar o Grupo sem procurar o auxílio do Iluminado. Vi, então, um vívido diamante de luz num mar azul. Gradualmente, fui inundada pelo brilho do Sol, através do qual chegavam duas correntes de luz, uma branca e outra azul. Elas eram simbólicas do Iluminado e do Mestre Majestoso, e senti que eles estavam juntos em alguma forma de profundo entendimento. A princípio não podia ver nenhum dos dois, mas a presença do Mestre emergiu numa suave luz azul, e me senti inspirada a segui-lo. Atravessamos um arco luminoso, como se fosse uma ponte, que se abriu para um vasto e belo vestíbulo, onde encontramos o Grupo num anel dourado de energia. O mais próximo fez-me sinal para que me reunisse a eles. Todos estavam em silêncio. Eu via quadros em minha mente, quando captei uma poderosa energia que se movia através do Grupo. Era como caminhar na chuva purificadora, respirando ar fresco e sendo renovada. Isto continuou até que a meditação acabou.

Na quietude seguinte, senti-me estranhamente perdida, sem disponibilidade para ir à Catedral de Luz. Depois de algum tempo de bloqueio mental, lembrei-me da clareza com que a pura linha de luz descera até meu corpo, e então fui capaz de me elevar para um lugar seguro no jardim do Templo. Enquanto estava ali, na Cruz Luminosa, fui levada a seguir o raio azul-violeta e encontrei a suave luz do Elohim, que me conduziu ao templo de árvores graciosamente arqueadas. Ele me comunicou: "Temos uma surpresa especial para você, esta manhã".

Entramos no templo de árvores e caminhamos através de toda a sua extensão, sob os grandes arcos, até que chegamos a uma área que nunca vira antes. Aí encontrei a entrada para uma pequena capela de beleza indescritível. Era toda de jacarandás mimosos cobertos de flores, com seus botões azul-violeta chegando mesmo a juncar o solo. Um delicioso coro de pássaros me saudou. Em sua canção, ouvi as palavras: "Nunca se esqueça de ser grata pela beleza e graça em sua vida".

Então, um roçar de asas atraiu minha atenção, enquanto quatro pássaros azuis voaram com uma guirlanda de miosótis e a colocaram em minha cabeça. Segui-os, enquanto eles voavam à minha frente, até um lindo altar de flores, e aí, para minha alegria, encontrei Martreb ao meu lado. Ele disse: "Sabíamos que você ainda tem necessidade de alguma estrutura para ajudá-la a aceitar seu caminho". Ele me guiou além do altar de flores até uma poderosa corrente de luz azul, dentro da qual nos elevamos facilmente até a área onde o Grupo se reunia. O Mestre Majestoso, em seu manto azul, saudou-me dizendo: "Você é amada aqui, neste Grupo, tal como no de Nazaré". Respondi: "Penso que é porque tenho muito amor por todas estas pessoas preciosas".

Esta foi uma manhã muito especial sob todos os aspectos. Vi acontecer uma mudança no grupo, com uma nova força surgindo através dele e um preparo sendo realizado para alguma tarefa nova. Martreb, ao meu lado, disse: "Quando você aprender a arte de usar uma corda para escalar a face íngreme de uma rocha, conquistará uma nova liberdade, visão e coragem. Quando você entregar sua subida a um elevador de qualidade superior, a ascensão será fácil e automática. Quando você usar o dom maior de sua imaginação, seu tapete mágico poderá carregá-la instantaneamente para qualquer lugar dentro do âmbito de sua consciência, e além dela, no sono, sonhos e meditação. O poder por trás de seu tapete mágico de imaginação é o amor e o trabalho do Grupo. Você não precisa esperar pelo passo lento da evolução, você pode guiar o caminho para a radiância de viver, e receber maior proteção, ao aprender a controlar aquilo que você estiver criando.

Mantenha o padrão perfeito com firmeza na mente e o subconsciente trabalhará para concretizá-lo. Esta é uma preparação importante para o trabalho de cura que é tão necessário agora.

Houve um momento de leveza no qual as almas apreciavam a pequena guirlanda de miosótis que eu ainda usava, como que para imprimir a lição mais profundamente em minha memória. Martreb disse: "Sua tarefa em completa cooperação com a alma e o Grupo é de vital importância agora e deve ser uma prioridade em sua vida. Dentro do intenso calor e luz de um forno de cerâmica, você pode ver as peças sendo queimadas, derretidas, e, ainda assim, mantendo suas formas; barro e esmalte num processo de integração e purificação. Assim é o fogo interno da consciência, personalidade e alma se misturando, se unindo e purificando em preparo para uso maior".

Deixei o momento de quietude naquela manhã sentindo-me no limiar de alguma nova descoberta.

Capítulo 14

## UM MAJESTOSO MESTRE INTERIOR

O despertar para um novo mundo está emergindo rapidamente em nossas vidas. Este novo período é um grande desafio para todos nós, quer vejamos a oportunidade que ele traz no reaparecimento de Cristo em nossos corpos etéricos, quer pelas muitas predições. Nossas próprias palavras, pensamentos e ações interferem permanentemente no mundo em rápido desenvolvimento, ora acrescentando, ora subtraindo. O grande amor e alegria do Espírito da Vida brotam através de nós tão poderosamente quanto conseguimos abrir nossos corações e mentes para cooperar com esta grande corrente de energia e com os Seres Espirituais que guiam a evolução humana. Meu relacionamento com esta força superior, que se reflete em todos os níveis de minha consciência, é tão real e claro quanto o ar que meu Eu Básico respira para mim, afetando cada célula em meu corpo e me permitindo viver na atmosfera da Terra.

Certa manhã, chegando de São Paulo, onde um *check-up* mostrara uma pequena congestão na área intestinal, me foi dito que deveria passar por exames drásticos. Estava um pouco atrasada para minha hora de quietude e senti certa preocupação enquanto tentava tranqüilizar meu corpo e mente. Depois de algum tempo, senti uma mudança vibratória e à minha frente estava uma cena radiosa, mas, na parte inferior do quadro, uma área escura atraiu minha atenção. Cercando-a, havia centenas de pequenos dardos cintilantes numa grande variedade de cores. Gradualmente, essas flechas luminosas forçavam seu caminho para dentro da área escura, transmutando-a em luz, até que toda a massa fosse conquistada. No seu centro havia um brilhante ponto de luz branca, tão penetrante que eu mal podia olhar para ele. A luz então começou a se expandir, tornando-se mais suave, até que toda a cena se encheu com uma incandescência de lindas cores.

Uma voz interior disse: "Os fogos de artifício transmutantes e a luz poderosa são um símbolo de que com o tempo tudo será transformado". Nenhum sinal poderia ser mais claro do que este, de que a dificuldade que necessitava de atenção seria esclarecida. Na hora de quietude fui novamente confrontada com minha responsabilidade de cooperação com o poder criador de meu belo Elohim, cuja guiança conserva meu corpo em boa saúde para o trabalho que vim fazer aqui. Vi também o quanto é necessário estar sintonizada com todas aquelas vidas que são afetadas na proporção da coragem e alegria com que desempenho meu papel. Minha capacidade em desempenhar este papel, sem medo do fracasso, trouxe-me uma nova liberdade e domínio que me deu uma aceitação maior dos outros, assim como um amor que abriu uma ligação entre nós, produzindo uma vida mais convincente.

Finalmente, uma profunda intuição me fez reconhecer outra causa de perturbação em meu corpo, relacionada com certo nível de consciência. Em meditação, pedi orientação interna que me ajudasse a compreender a causa do problema. Numa reunião com "H", na tarde seguinte, uma das causas da perturbação me foi claramente mostrada, abrindo caminho para grande mudança, com toda uma nova área de compreensão e trabalho. Sua alma refletia para ele aquilo que a minha não conseguia para mim, através de uma interligação num nível superior. Ele dissera simplesmente: "Você está tão ligada ao Iluminado que tem preconceitos em aceitar o Mestre do Grupo como seu Mestre Interior".

Na hora de quietude que se seguiu, na Catedral de Luz, aproximei-me do Iluminado com uma pergunta em meu coração que não podia exprimir. Ele me saudou em silêncio. Senti seu amor me sustentando e, depois de algum tempo, ele falou: "Estou com você sempre, como o sopro da vida. Anos atrás, tornei você consciente de seu Anjo da Guarda, a quem entreguei seu aprendizado no nível da personalidade. Agora chegou o momento do trabalho da alma com o Grupo e seu Mestre, a quem você deve aceitar como seu Instrutor Interno. É através dele que a luz e o amor do Espírito brilham.

"O poder de cura é o amor; ele transmuta tudo à sua frente. O perfeito amor protege, enquanto flui através de seu ser. Entregue-se agora à nova tarefa da alma, liberando as limitações mentais, e você se tornará o transformador tão necessário para as energias superiores. Esta é a cooperação com o Grupo que é necessária agora, sob a orientação de seu Sábio Mestre. Com seu grande amor e sabedoria, ele é o transformador de poderosos raios de cura, e possuidor do querer mais elevado. O primeiro raio de sua personalidade começa a agir agora para ajudá-la a perseverar nesta tarefa. Tanto o Primeiro quanto o Segundo Raio ligam você com este grande Mestre, porém é o Segundo que a liga com o grupo e com Martreb, cujo grande amor a sustenta em todos os níveis. O próximo passo exige uma concentração maior, à medida que você se aventura no arco de luz mais elevado, conectando-se com o reino de energia de cura do Grupo."

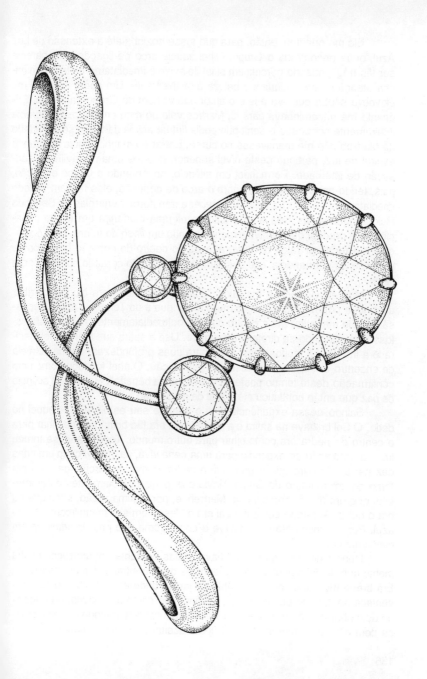

Ele me orientou, então, para que fosse sozinha até a extensão de Luz Azul, onde encontraria o Grupo. Olhei aquele arco de ligação, que parecia ser tão frágil, quando percebi um sinal de aviso e imediatamente transferi minha atenção para a glória e a beleza à minha frente. Um poder invisível me elevou e soube que era a fé e o amor que vinham do Grupo para mim. Enquanto me encaminhava para lá, Martreb veio ao meu encontro. Eu parecia inteiramente sem peso e senti que podia flutuar acima da trilha, se o cuidado de Martreb não me mantivesse no curso. Entrar na magnificência da grande espiral de luz, partindo deste nível superior, deu-me uma maravilhosa sensação de liberdade. Permaneci em silêncio, observando o Grupo em ação, pois, tendo-me visto a salvo sobre o arco de conexão, eles haviam voltado imediatamente a seu trabalho de receber e transformar energias do Segundo Raio. Enquanto assistia a tudo isso, senti uma mudança em minha consciência e percebi que estava experimentando um *flash* do futuro. Eles começaram a focalizar raios de cura, através do centro do coração no corpo de luz onde eu permanecia, que desciam até o centro do coração no meu corpo físico.

Martreb virou-se e me falou: "Estamos prontos para ajudá-la a abrir uma nova porta. Uma liberação muito maior que a do Templo é agora necessária". Ele me guiou até o centro do Grupo. Imediatamente, o Mestre Majestoso falou dirigindo-se diretamente a mim: "Use a safira que Martreb foi inspirado a lhe dar há muitos anos. Olhe para suas profundezas, durma com ela de encontro à área que necessita de purificação. O anel foi dado como uma confirmação deste tempo posterior e leva minha bênção". Houve um silêncio de paz que então continuou até o final da meditação.

Saindo dessa experiência, tirei o anel de seu estojo e o coloquei no dedo. O Sol brilhava na safira e a luz refletida era tão brilhante que olhar para o centro da pedra era como olhar para outro mundo. Todo o anel se tornou luz e a irradiação se expandiu para uma cena viva, na qual vi cada uma das dez garras de ouro que seguravam a pedra, como um círculo de ouro em torno de um membro do Grupo. Havia dois pequenos diamantes e compreendi que um deles representava Martreb, e, por alguma razão, senti que eu era o outro. A grande safira central era o Mestre em seu magnificente manto azul. Por um momento se manteve a cena, como que para imprimir-se em minha mente.

Depois dessa experiência, havia tantas perguntas percorrendo minha mente que decidi aquietar-me, na tentativa de encontrar algumas respostas. Em breve me encontrei no encantador jardim onde antes estava o Templo, sentada ao lado do pequeno lago, sentindo-me como uma jovem que acaba de descobrir que é uma criança adotiva, procurando um modo de relacionar-se com os outros membros do Grupo e aceitar seu imponente pai. Martreb veio até mim, ali, percebendo minha perplexidade. A princípio ele explicou que muito do progresso da alma e do trabalho do Grupo dependia de meu despertar para um importante compromisso que assumira. Então ele disse: "Você deve estar totalmente pronta para aceitar a responsabilidade de ser um dos pequenos diamantes do anel, e não uma das dez garras que cercam o Mestre".

Sentamo-nos quietos por alguns momentos e aos poucos fui me tornando consciente do brilho mais intenso de uma luz azul, dentro da qual o Mestre apareceu com esta mensagem: "Um diamante está incrustado e escondido dentro da Terra, esperando para ser descoberto e lapidado, faceta por faceta. Se colocado no fundo de um vasilhame com água, um diamante mostra a sua luz; ele resplandece no ar e foi criado pelo fogo.

"Como um diamante, o Espírito de Vida está profundamente escondido na personalidade, esperando ser descoberto e revelado, faceta por faceta. Mostra a sua luz na consciência; irradia-se na alma, e no fogo do grande Espírito foi criado, para voltar finalmente à sua origem."

À medida que a luz azul desaparecia, Martreb continuou: "Você tem uma missão muito importante, que lhe será revelada quando estiver inteiramente pronta e disposta a aceitar a preparação necessária através do Grupo e do Sábio Mestre. Fizemos diversas tentativas de ajudá-la através de sua mente consciente, mas como o tempo passava antes que você abrisse o caminho, tivemos de usar medidas drásticas, que se refletem em seu corpo físico. Você, realmente, se colocou em risco ao não aceitar este aprendizado mais completamente. Você não tem consciência, ainda, de que este grande Mestre do Amor e Sabedoria vem lhe ajudando há muitos anos, enviando os raios de cura através do Templo da Totalidade. A dificuldade em seu sistema digestivo é causada principalmente por você, ao bloquear os poderosos raios que passam através de seu ser.

"Se você puder ser tão aberta para receber quanto o seu subconsciente o é, será capaz de aprender rápida e efetivamente dentro do Grupo, permitindo à sua alma uma alegre liberdade. Quando você entra no Grupo e aceita a luz, o amor e a orientação de seu Mestre Sábio, você também liberta seu Amado Iluminado, neste momento, para tarefa mais elevada. Logo você descobrirá que este Mestre Majestoso será tão ternamente amado quanto seu Anjo da Guarda o foi, e você aceitará prontamente sua guiança no trabalho da alma. Pense nele como o 'comandante' que você acompanhou alegremente no sonho."

Martreb me deixou e fiquei por muito tempo tentando colocar as peças deste quebra-cabeça em seus lugares. Antes de dormir, naquela noite, pedi ajuda para aceitar o que se fazia necessário. Quando acordei, não me lembrava de ter sonhado, mas senti uma segurança interna e soube que estava pronta para ir até o Grupo com um espírito de cooperação muito mais aberto.

Durante a manhã, no momento de quietude, fui capaz de ir diretamente até a consciência do Grupo, pronta para o que quer que essa experiência fosse trazer. Ficamos sentados calmamente e acompanhei com atenção o Mestre, reconhecendo cada um, e, pela primeira vez, vi que éramos onze, com outra cadeira desocupada, o que teria feito doze, conforme o anel me mostrara. Reunimo-nos em torno do Mestre Sábio para a lição, e tudo estava em profundo silêncio. Martreb, ao meu lado, disse calmamente: "Eles estão esperando que sua consciência terrestre se unifique com as energias superiores". Dentro do tranqüilo silêncio do Grupo, a pergunta interna parou. Relaxei-me e finalmente a lição começou. Com natural facilidade, nosso Mestre nos deu diversos pontos de informação. Em determinado momento, encontrei-me lutando para ficar livre de um peso que tinha que ver com uma transferência de almas. Então, muito claramente, ouvi uma voz interior dizer: "Olhe para dentro da luz e permita que ela liberte a alma". Um brilho como o de uma pedra preciosa apareceu e, enquanto eu olhava dentro dele, senti as vibrações mudarem e darem lugar à claridade da luz, trazendo minha atenção de volta para nosso Mestre.

A lição continuou com informações sobre o planeta Vênus. Isso me deixou fascinada, pois durante anos fora estranhamente atraída por esse planeta, sem saber por quê, mas sentindo algo como o soar de uma corda em meu coração. A lição incluía muitos pontos no relacionamento entre Vênus e a Terra. Fiquei imaginando por que este tópico havia sido estudado, e logo descobriria a ligação do Grupo com as belas energias de Vênus.

Eu estivera tão intensamente ligada na lição durante este período que uma pressão interna no fundo de meus olhos me trouxe de volta à consciência de meu corpo. Mas imediatamente meu interesse me levou de novo ao Grupo e, quando olhei para nosso Mestre Sábio, um raio de luz brilhante penetrou na área afetada e fui libertada instantaneamente. Martreb explicou: "Quando você está com a consciência neste nível da alma, o Elohim fica livre para atrair as células do corpo em direção ao padrão perfeito mantido dentro dela, usando as energias de cura que estão sendo enviadas".

Nesta lição com meu novo Mestre Interior, que era tão diferente, fiquei cheia de assombro e surpreendida ao encontrar o nível de consciência de minha alma tão à vontade e unificado com o Grupo, e aberto à guiança e experiência do Sábio Mestre. Eu estava vagamente consciente do bater de meu coração e das ondas de energias de cura movendo-se através de meu corpo, sintonizadas com a respiração. Parecia haver uma nova ênfase nas pausas entre elas. Veio-me, então, um *insight* de que o Elohim tinha completo controle de meu corpo físico, como se eu estivesse adormecida ou sonhando; portanto, podia liberar toda a preocupação. Depois de algum tempo, vi uma poderosa luz azul irradiando-se de cada célula de meu corpo, e, quando a lição acabou, fui suavemente chamada de volta à consciência pelo meu subconsciente. Agradeci-lhe e ao Elohim por seu trabalho contínuo no plano da Terra, tão claramente ligado com o trabalho maior de cura.

Na manhã seguinte, antes de me elevar para o Grupo, tive consciência de quanto somos privilegiados quando nos abrimos aos níveis mais elevados e mais seguros de nossa consciência, para encontrar a luz e o amor, a alegria e a sabedoria que nos ajudam a colocar nossas vidas em foco. Foi uma bela experiência estar dentro da luz de minha alma, consciente do grande amor do Grupo, abençoada na sabedoria e amor do Mestre Majestoso que nos guiava e ensinava. Era maravilhoso, também, sentir-me à vontade com Martreb, cujo amor e apoio me ajudavam tanto no nível da personalidade como no da alma. Assim, vi a beleza e senti o poder de cura da Luz Azul, o Raio de nosso Sistema Solar, que nos afeta a todos, trazendo amor e sabedoria, para nos guiar em direção à Grande Era que se aproxima.

Entrei no Grupo para ser saudada por um aceno do Mestre, cujo ensinamento chegava através de muitos caminhos: em silêncio, por sinais, visualização, e, às vezes, em palavras que nos atingiam intuitivamente. Com alegria espiritual, sentia-me grata pela oportunidade de ser parte deste Grupo de almas, trabalhando juntas através de éons de tempo, cada qual com uma tarefa especial, mas sempre apoiando-se uma às outras na bela liberdade do Espírito. Com a maior gratidão, eu agora aceitava o ensinamento deste Mestre impressionante, que era uma alma adiantada do Raio de Amor-Sabedoria. O apoio amoroso e leal de Martreb a este grande Mestre trouxe para mim uma realidade mais profunda, enquanto ele o assistia, dando muito do ensinamento no nível da alma, com seu amor precioso por todos e sua sensibilidade para as necessidades de cada alma do Grupo.

No silêncio, a lição começou, e, nessa manhã, ela incluía uma breve revisão dos três reinos – o Angélico, o Natural-Elemental e o Humano. Fiquei consciente da orientação, proteção e amor que vinham a nós do Reino Angélico. Reconheci de novo o cuidado suave e amoroso que meu Anjo da Guarda me dispensava enquanto guiava meu desenvolvimento consciente através de inumeráveis anos, como meu Instrutor Interno, quando estava pronta para ouvir, aprender e pôr em prática as lições que chegavam através de minha mente consciente. Fui lembrada então, de que a tarefa do Anjo da Guarda, de guiar, proteger e ensinar fica completa quando a pessoa está inteiramente pronta para assumir a responsabilidade por sua luz espiritual, permitindo que sua energia positiva brilhe com liberdade.

A cena mudou por um momento para o belo Reino Elemental da Natureza, e vi o Elohim, cujo conhecimento perfeito dos mistérios do poder criativo haviam desenvolvido os corpos sempre em mutação nos quais vivi, guiando dentro deles o subconsciente em sistemas inacreditavelmente complexos e intrincados, atraindo trilhões de células em direção ao padrão perfeito, durante o sono e sempre que não estou distorcendo negativamente o plano divino. O trabalho do Elohim, o Guia Elemental, se completa quando as encarnações físicas não mais são necessárias para o indivíduo a que serve.

O mestre intuitivamente chamou nossa atenção para a grande ajuda dada ao Reino Humano e sua relação com o trabalho de cura do Grupo. Vi o carinhoso apoio de Martreb, a ajuda abençoada e orientadora daqueles que haviam sido meus Instrutores Internos e, no plano da Terra, o carinhoso cuidado do grupo de Nazaré e de "H", que, com seu conhecimento, me ajudara a compreender tantas coisas que estavam acontecendo em minha vida.

Fiquei sentada tranqüilamente, consciente da ajuda dos níveis superiores. Meu Espírito, como uma luz, brilhava através dos alcances mais elevados de minha consciência, para trazer clareza e amor ao meu coração, à minha mente e a este corpo, tão limitado no plano terrestre. Sabia que esta luz brilharia mais claramente quando fosse capaz de reagir à sua pureza e poder de cura.

Ao acabar a lição, o Mestre virou-se para mim e disse: "Não existe maior poder de cura na Terra do que o amor que transforma e a luz do espírito. A camada protetora da personalidade, tão necessária nos diferentes estágios do desenvolvimento, pode ser usada quando necessário na vida do dia-a-dia, abrindo-se para a luz e permitindo que os raios de cura transformem sua vida, curando corpo, mente e tudo aquilo que está fora de sintonia em sua consciência. Curar através do despertar da consciência é a principal tarefa de sua alma dentro do Grupo, e sua razão de estar na Terra neste momento".

Uma parte importante desse processo chegava a cada manhã, na partilha com os residentes e com alguns dos hóspedes que vinham nos visitar e trabalhar conosco no Centro. Enquanto falávamos acerca de experiências, sonhos ou alguma pergunta-chave, havia um esplêndido fluxo de energia, que freqüentemente trazia uma nova luz sobre o assunto ou uma inspiração em benefício de todos.

Capítulo 15

## COMO, QUANDO E POR QUE – A DESCOBERTA

Uma nova porta estava se abrindo à medida que meu compromisso se tornava mais claro e trazia uma compreensão maior do poder de cura disponível para nós. No relaxamento de minha hora de quietude, uma voz interior chegou claramente: "Com total centralização, junte-se ao Grupo esta manhã, partilhando a energia concentrada de cura".

Mobilizei minha atenção integral para contatar o Grupo, e, imediatamente, uma corrente de energia chegou através do centro do coração de meu corpo. Havia beleza e poder nessa experiência; era como o nascer do Sol num plano interno, com milhares de raios de luz dirigindo-se às pessoas em volta do planeta. Senti-me elevada para o Grupo, e daí vimos as reações a essa energia, cada qual à sua própria maneira, como teriam feito a um nascer do Sol. Alguns ficavam profundamente tocados, outros apenas notavam e outros ainda estavam completamente alheios àquela beleza. A energia fluía para todas as pessoas, mas apenas as que estavam abertas se tornaram conscientes de um momento de luz interior que as elevava.

Mais tarde, diversos pensamentos perpassaram por minha mente. Os anos de disciplina interna haviam sido etapas preparatórias para o trabalho de cura que se estava desenvolvendo dentro do Grupo. Mas, por causa de minha timidez, relutância e necessidade de uma compreensão clara antes de enfrentar um novo passo importante, aqueles que me guiavam tinham a árdua tarefa de construir uma base para mim através de lições interiores. Felizmente eles sabiam que, apesar de minhas limitações pessoais, eu nunca voltaria atrás.

Quando, em meditação, entrei de novo na corrente de Luz Azul, abri meu caminho pela grande espiral ascendente e, durante a subida, a consciência de meu corpo gradualmente retrocedeu, permitindo-me entrar completamente na aura de minha alma. Eu estava pronta para juntar-me ao Grupo quando ele se reunisse para a lição. Mas, nessa manhã, o Mestre designara Martreb para me dar auxílio básico. Ele começou dizendo: "Quando você fez a jornada em direção ao pináculo de luz, estava também vivendo a experiência do ciclo evolutivo da humanidade, que é trazido à consciência de todos aqueles que entram na jornada espiritual. Agora podemos continuar a subida. Felizmente você não olhou para trás, de modo que nunca mais terá de atravessar o vale da escuridão."

Naquele momento, soube que Martreb fora meu guia naquela jornada e também nos anos de transição, e, embora fosse invisível e inaudível, "seguira" cuidadosamente meu progresso.

Ele me conduziu para um lugar de onde podíamos ver aquele alto pináculo em toda a sua glória. Mostraram-me que ele continha símbolos de minha aventura no reino da Luz Azul e de meu trabalho com o Grupo. Subimos até um ponto a meio caminho do cume, o qual ele explicou ser simbólico do livro que eu estava escrevendo e da ligação com as energias superiores.

Uma bela radiação nos elevou para uma área na qual vibrantes raios de cura estavam sendo dirigidos para o Grupo em seu trabalho. Quando perguntei se algum de seus membros vinha àquele local inspirador, Martreb explicou ser ele o único que o fazia, às vezes, para uma assistência espiritual ao Mestre, cujo trabalho maior era naquela área mais elevada. Ele disse: "Este momento está sendo oferecido a você como uma confirmação mais profunda para seu trabalho de agora no plano terrestre". O Mestre, então, apareceu com uma amável saudação, e tive consciência do privilégio que ela representava. Soube, então, que passaria muito tempo antes que eu fosse capaz de ir mais alto naquele belo pináculo de luz.

Na meditação seguinte a lição continuou. Martreb explicou: "Existe um elemento essencial no serviço de cura que exige eficiência e cooperação ativa no trabalho do Grupo. Você deve ajudar as pessoas a serem capazes de ver a luz espiritual que está latente dentro delas, para que cresçam no brilho do sol de suas almas. Pratique essa visão interna com constante atenção, bondade e compaixão. Isso abre o caminho para uma secreta afinidade divina no nível da alma, que trará ordem em seu relacionamento com os outros e será de inestimável ajuda para eles. O trabalho espiritual é claro e simples, mas é facilmente complicado pela fragilidade humana, ambição, modo de pensar completo e falta de experiência e visão. Assim como o Sol espalha sua luz sobre todos, igualmente uma pessoa sábia gera paz e sabedoria da consciência superior, dentro da qual as pessoas são ajudadas em seu caminho.

"Se você ficar centrada, colocando toda a sua atenção no ponto mais alto de sua consciência, haverá uma acomodação de vibrações correspondentes, que podem passar através das células do cérebro, propiciando um aprendizado interior; gradualmente, com a prática, desenvolve-se a intuição. A princípio isso acontece em *flashes*, ou como os primeiros passos incertos de um bebê que aprende a andar segurando-se à mão dos pais. Mas você também é guiada em todas as fases de seu desenvolvimento, e pode progredir tão rapidamente quanto estiver disposta a abrir o caminho e cooperar. Na preparação, você tem a grande responsabilidade de controlar seus pensamentos e sentimentos, porque eles influenciam não só sua vida, mas a de muitos outros. O trabalho maior vem quando se puder assegurar que você caminha para a frente com firmeza, e com isso vem a ajuda jubilosa da alma. Como um holóide no holograma da humanidade na Terra, aquilo que você cria com seus pensamentos se reflete através das vidas de muitos."

Mais tarde, nessa manhã, enquanto tomava minha temperatura, o termômetro escorregou de meus dedos e caiu no chão. Ele se estilhaçou, e, por entre os pedaços quebrados de vidro, havia um grande número de minúsculas bolas de mercúrio. Quando toquei em algumas, elas se juntaram pela força magnética. Lentamente rolei a pequena bola de mercúrio, até que recolheu em si mesma todos os pedacinhos, deixando o vidro para ser varrido.

Veio-me o conhecimento interno de que todas as pessoas são como os pedacinhos de um grande e magnético Espírito de Vida, sendo lenta mas certamente reunidas pela fonte da qual vieram. Na hora de quietude daquela tarde, Martreb disse:

"O que quer que me aconteça aqui contém uma lição. Ouça bem e com grande cuidado, enquanto reúne o mercúrio da consciência, que é o Espírito dentro dos fragmentos de egoísmo, descuido e coisas perigosas do mundo material que prejudicam os outros."

Estava grata pela ajuda de Martreb durante esse período em que abria o caminho para uma aceitação e compreensão mais clara das lições, dando-me a firmeza de que necessitava. Uma manhã, ele disse: "Você está no limiar de um grande futuro. As velhas escoras foram retiradas, os andaimes não mais são necessários. A Linha de Luz do Espírito está onde quer que você esteja consciente dela. Ela está agora liberta de seu ancoradouro no jardim do Templo. É intemporal, ilimitada e totalmente positiva. Toda escuridão, negatividade e medo estão automaticamente transformados em seu poder. Em qualquer situação você pode ligar sua consciência a esta força e vê-la inundar a mente e o coração com clareza, energia criativa e nova liberdade. Isto também a liberta da Catedral de Luz".

Fiquei surpresa ao ver que não sentia a perda da Catedral, pois Martreb imediatamente recomeçou o trabalho com uma simples revisão: "Lembramos a você que o desafio agora, e nos próximos anos, é ajudar pessoas a despertarem para a existência de seus próprios Instrutores Internos, e a saberem que sua realidade é a Luz do Espírito brilhando através da 'lâmpada' viva, com sua concentração de força vital. É um momento para trabalhar com as energias superiores, as grandes qualidades da alma, e permitir que

143

as trivialidades da personalidade se ajustem à realidade. O trabalho nos detalhes vagos sem a visão do plano global que a guiança interior traz é uma frustrante perda de tempo e energia".

Agora as lições e experiências se tornavam mais práticas, interessantes e inspiradoras, e, às vezes, inexoráveis. Cada lição tinha um objetivo: dar informação de fundo, ajudar a criar um enfoque mais consciente da vida, lembrar minha responsabilidade ou ainda construir uma ligação mais forte entre minha alma e os outros estágios da consciência. A maior prova da realidade deste trabalho interior veio numa experiência de cura interna. Encheu meu coração de gratidão e aumentou meu entusiasmo para ajudar a curar pessoas. Também me deu coragem para continuar no esquema aceito, quando, por vezes, sentia que nenhum progresso estava sendo feito.

Estávamos no meio da manhã e não era um momento para meditação, quando ouvi uma voz interior que dizia: "Deite-se e relaxe". O que experimentei era algo como um sonho, apenas muito real e claro. Deitei-me calmamente e, de repente, tive consciência de que minhas mãos e pés doíam de frio. A voz me instruiu para que libertasse minha atenção de meu corpo e visse a mim mesma na Linha de Luz. Tentei, com grande dificuldade, pois estava muito consciente do trabalho de meu Eu Básico para tentar manter meu corpo quente. Veio por fim a libertadora tomada de respiração, e pude movimentar-me conscientemente para o centro da luz. De imediato senti seu calor à minha volta, e, gradualmente, uma grande claridade, até que consegui levar minha consciência a um lugar onde fui recebida por alguém do Grupo. Foi dito que eu deveria ser levada numa jornada acima de qualquer lugar onde já estivera. Queria ir, mas uma parte de mim me segurava; havia alguma coisa que eu não podia compreender. Aquele que me instruía disse-me para imaginar que estava num avião. Isso era fácil, mas quando ele disse: "Isto será tão simples quanto seguro", um pensamento interferiu e eu disse: "Ainda estou em meu corpo quando num avião". E ele observou: "Você ainda está em seu corpo quando sonha". Achei isso mais fácil de aceitar. Elevamo-nos, então, cada vez mais para o alto e, de tempos em tempos, sentia um átimo de dúvida de que pudesse continuar, até que tive consciência apenas de uma liberação final numa gloriosa luz azul.

A coisa seguinte que compreendi é que o pensamento voltara e que estava consciente de meu corpo. Estava quente, mas muito pesado. Era um pouco como acordar de repente de um sono profundo. Encontrei, então, para abandonar aquela maravilhosa luz azul e especialmente o Grupo, a mesma dificuldade que sentira ao libertar minha mente e me deixar ir nesta jornada. Descobri, um pouco mais tarde naquela manhã, que a região de meu corpo que tinha estado me incomodando há cerca de um ano estava totalmente curada. Nunca mais tive desconforto ou dor nessa região. Vim a saber, depois, que isso também estava testando minha presteza em aceitar uma compreensão nova e diferente de minha finalidade na Terra neste momento, e de meu trabalho com o Grupo.

Quando cheguei para a lição seguinte no reino da Luz Azul, dei-me conta de que tudo se dava em silêncio, com quadros que vinham à minha mente e que falavam mais claro do que as palavras, e de que o aprendizado para cada um de nós dependia de quanto pudéssemos compreender ou perceber intuitivamente. O Mestre mostrava uma fascinante série de acontecimentos que levavam ao meu compromisso presente.

De algum plano mais elevado, vimos um pedido sendo apresentado ao Mestre, mostrando a necessidade de ajuda na Terra para o encontro do grande potencial de pessoas que estavam progredindo tão rapidamente em consciência. Desta forma, milhões poderiam progredir nos anos de transição entre as duas eras, enquanto saímos de Peixes para entrar na luz de Aquário. Nesta importante mudança de consciência, um grande apoio poderia ser dado partindo do nível da alma, mas isso exigiria que pelo menos um elemento do Grupo fosse o ponto de ligação na Terra, através do qual seria montada uma ação triangular transformadora de cura, tanto na consciência como nos corpos etéricos das pessoas que estivessem abertas a esta ajuda.

Em nosso Grupo não havia nenhuma alma encarnada no começo do século XX para fazer este trabalho essencial. Isto fora apresentado ao Grupo de maneira simples e clara, sem nenhum sentido de compulsão ou de esperança, mas apenas como uma oportunidade de serviço pouco comum, se alguém se inspirasse ou se oferecesse. Durante um período de dois anos de tempo terrestre não houve resposta. Finalmente, Martreb, que desenvolvera uma força espiritual para ser um assistente naquele nível de instrução interna, apresentou um plano ao Mestre. Ele se ofereceu para encarnar na Terra, por um período limitado, para ajudar alguém do Grupo que voluntariamente assumisse este compromisso desafiador. Ficou acertado que ele estaria de volta, para dar assistência ao Mestre, antes que os principais anos de transição começassem, nos meados de 1960.

O Mestre concordou e, quando o plano foi apresentado ao Grupo, a resposta foi imediata, sendo que duas almas se ofereceram para aceitar esse serviço, com a ajuda de Martreb. Finalmente concordaram em assumir essa obra em dois estágios.

A alma conhecida como *A* concordou em seguir Martreb, a fim de preparar um corpo e uma consciência para começar o trabalho de cura durante os primeiros setenta e cinco anos, antes que a grande intensidade do trabalho exigisse a alma mais forte, mais experimentada. A preparação de ambas dentro do Grupo foi intensa.

A cena mudou para o nível da Terra, onde Martreb nasceu na Inglaterra, numa família de Londres, e, dois anos e meio depois, A o seguiu, nascendo perto de Boston, na Nova Inglaterra, numa família que lhe deu carinhoso apoio, um fundo religioso e um corpo forte.

A preparação de Martreb levou-o ao Canadá e, mais tarde, ao noroeste dos Estados Unidos, onde viveu com um pequeno grupo de pessoas de espiritualidade altamente desenvolvida, durante sete anos, num sistema baseado nos ensinamentos de Cristo e outros grandes Mestres. Partindo desses pontos distantes, A, com o nome de Sara, e Martreb, sob o nome de Bertram, foram inspirados a ir para Los Angeles, Califórnia. Eles foram reunidos em circunstância pouco comum, ambos indo viver na mesma casa, claramente guiados pelo plano da alma. Um profundo conhecimento interior os manteve unidos durante vinte e sete anos de vida de casados, apesar das opiniões opostas que cada um expressava. Sara via a vida de um ponto de vista terreno, limitado, entretanto elevado pelos ideais com os quais trabalhara com as bandeirantes. Sob muitos aspectos, a vida no plano terrestre para Martreb foi difícil: um grande espírito aprisionado num corpo terreno. Sua compreensão espiritual era bloqueada no plano da expressão, quando tentava conversar com Sara sobre as energias superiores, pois ela reagia partindo de uma pressão interior, uma batalha de dois mundos, que sempre trouxe lágrimas e frustrações, fazendo com que ele parasse de falar. Eles nunca conseguiram atravessar a barreira interior dela. Durante esse tempo, Martreb deu a Sara um grande apoio, pois ela atravessou tremendos testes cármicos, e suportou a responsabilidade de milhares de pessoas como uma executiva.

Durante esse tempo na Terra, ela não tinha nenhuma lembrança do Grupo, nem era aconselhável a Martreb revelar-lho. Havia uma sensação de algo pelo qual ela procurava, que abriria o caminho para uma ajuda maior, a partir do nível da alma. Apenas uma vez em que ela se mostrara especialmente obstinada, ele disse: "Sara, você não sabe quem eu sou, ou o poder que tenho", mas ela nunca compreendeu esta declaração. Quando achou que ela estava bastante forte para continuar sozinha, Martreb soube que deveria voltar ao Grupo, e foi tranqüilamente libertado numa noite de agosto, à meia-noite. Passaram-se vários anos antes que ela pudesse reconhecer a ajuda que ele lhe estava dando, a partir do nível superior, mas ela foi delicadamente guiada a regiões da Europa e à Comunidade de Findhorn, no norte da Escócia, onde a melhor preparação de seu corpo e mente poderia ser realizada.

Seu maior apoio veio quando, em sua busca, ela começou a dedicar tempo, a cada manhã, à meditação ou a um período de quietude. Isso abriu sua consciência à ajuda da alma e, ao mesmo tempo, dava-lhe o treino necessário em disciplina interior para o subconsciente. Isso era essencial para a tarefa futura na qual o subconsciente teria vital importância na transformação de energias de cura, sob a guiança do Elohim. Sua maior contribuição foi feita no desenvolvimento da obra de cura no Templo da Totalidade, e foi nesse nível que Martreb pôde trabalhar com ela, durante pelo menos quatro anos de sua vida.

Veio, então, uma série de cenas que explicaram muitas das perguntas que me fazia em relação a meu papel com o Grupo e minha vida na Terra. A ação no nível da alma fora suspensa até que eu estivesse pronta e pudesse ser preparada com força interior para levar avante o compromisso que aceitara, muitos anos antes, com o Grupo, e até que estivesse disposta a aceitar e reconhecer a mudança em relação ao corpo no qual estou vivendo.

Uma dessas cenas era a princípio quase que opressiva, mas esclarecia muitas coisas e começava a colocar algumas das lições dentro de uma nova perspectiva. Em 1º de agosto de 1980, sob anestesia, durante a operação de um tornozelo quebrado, a alma conhecida como A foi libertada deste corpo, pois seu trabalho havia sido completado. Ela foi levada com carinhoso cuidado pelo belo espírito de Vênus, onde haviam sido feitos arranjos para um processo de purificação e treinamento especial. Isto foi feito com grande amor e gratidão por sua participação nessa experiência pouco comum de realizar a tarefa para o Grupo. Os espíritos de Vênus, tendo-se adiantado para o ciclo seguinte da evolução humana, estavam mais bem preparados para dar a essa alma encantadora a ajuda de que necessitava para trabalho posterior com o Grupo.

No momento em que A deixou o corpo, minha alma o assumiu, trazendo energias de cura extra, reconstruindo o tornozelo quebrado, com iluminação superior e ajuda dos médicos, e revitalizando o corpo e a mente. Estava grata pelo coração forte e pela preparação que fora feita no trabalho de cura do Templo da Totalidade. Eu não conservara nenhuma lembrança do Grupo, mas agora, à medida que a experiência se desdobrava à minha frente, compreendi a importância daquelas semanas tranqüilas de recuperação, nas quais pude assumir responsabilidades, a lembrança levada no subconsciente e, por algum tempo, o trabalho no Templo. Também compreendi a energia de cura que havia experimentado na enfermaria do hospital, e o brilho que as pessoas descobriam quando iam até lá me visitar.

Vi que, durante o período de fortalecimento deste corpo, houve muitas mudanças nas quais fui levada a novas áreas. Breves *flashes* mostraram-me a extensa interação de muitas almas, em três continentes, abrindo o caminho para os melhores lugares de cura e fortalecimento do meu corpo. Esse período me levou à Califórnia, à Costa Rica e, finalmente, ao Brasil, onde o desenvolvimento do novo Centro fora sabiamente escolhido para este pe-

147

ríodo de revelação e de novos estágios da tarefa. Havia um abandono gradual do trabalho no Templo, preparatório para a importante ação da alma com o Grupo. Quando essa sessão com o Grupo e o Mestre terminou, estava ansiosa pelas lições e por todo o auxílio possível que eu sabia estar à espera de me ser apresentado em ambos os níveis.

Com tudo isso chegando ao mesmo tempo, precipitou-se para mim o confronto com uma realidade inegável, da qual fazia parte esta nova viagem. Senti-me como uma pessoa cega a quem de repente se deu a visão, pois cada ponto retinha uma clareza de saber, suscitando ao mesmo tempo muitas perguntas em minha mente consciente, que clamava por aquelas lições que eu agora sabia que iriam revelar o que eu necessitava fazer e iriam me ajudar a compreender meu papel neste momento, tanto na Terra como no Grupo. Estava tendo de aceitar algumas responsabilidades novas em relação ao corpo em que estava vivendo, nas quais, até então, eu não estivera preparada para acreditar.

Essa transferência de almas foi chamada de "Mensageiro da Esperança" por Carol Parrish, em seu livro com esse nome. Foi sua honesta aceitação de que era um "mensageiro", partilhada comigo numa conversa, que me ajudou a ver a realidade dessa experiência. Vi a comprovação disso em sua vida. Ela desenvolvera uma bela comunidade e ajudara milhares de pessoas, especialmente na área de cura. Apenas então vi o cuidado com o qual nossas almas haviam sido reunidas para essa partilha.

Através dos séculos, há muitas lendas, registros e exemplos dessa transferência para dentro de corpos que se tornam disponíveis ao trabalho superior, de modo que flua e ajude a humanidade em seu progresso. Um exemplo supremo disso aconteceu há dois mil anos atrás, quando a Grande Presença Espiritual do Cristo entrou no corpo de Jesus de Nazaré, o qual havia sido cuidadosamente preparado para isso. Esse fato encontra-se simbolizado na pomba branca, no momento do batismo; isso também liberou o Espírito do Mestre Jesus para prosseguir no trabalho superior e magnânimo de ajudar a humanidade. Nessa ação o Cristo deu um exemplo para esta época, da qual falou aos seus seguidores dizendo-lhes que fossem até a cidade e seguissem um homem portando um cântaro de água, que é o símbolo desta era de Aquário. Desta forma ele preparou o caminho para este momento atual, quando muitas almas estão vindo para ajudar a Hierarquia, o centro cardíaco do nosso planeta, no despertar da consciência neste nível terrestre.

Em seu livro *Telepatia e o Veículo Etérico*, Alice Bailey escreve:

"Atualmente está-se efetuando um alinhamento evolutivo. O centro planetário, a que chamamos Humanidade, está ativo e vibrante, e agora é possível 'prosseguir ao longo do caminho ascendente e criar o vínculo que une o inferior ao superior, permitindo assim uma interação'. Os homens es-

148

tão rapidamente saindo do centro humano para entrar no hierárquico; a massa humana está respondendo à impressão espiritual.

"... o centro coronário planetário invocará energias de fora da vida planetária, e o influxo de energias cósmicas e solares será cada vez maior... Ele produzirá também o advento ou aparecimento de muitos AVATARES, que trarão consigo muitos e diversos tipos de energia àqueles que, até então, têm controlado os problemas humanos e seus eventos... Com o reaparecimento do Cristo como um ponto focal ou Agente supremo do centro cardíaco planetário, será instituída uma nova era ou 'época divina'." [3]

Quando esse livro foi escrito, no começo deste século, ela afirmava:

"... dos quais nada se sabe atualmente e para os quais não há uma terminologia que expresse com exatidão os fatos e a sua natureza real."

Assim, podemos ver agora o quanto já evoluímos no uso da energia e quanta coisa já aconteceu desde essa data, quando podemos contar com um aumento no uso da energia, em exemplos como o poder nuclear, as viagens espaciais e tantas outras energias que penetram a nossa atmosfera; o termo "avatar" foi também usado para referir-se aos muitos que poderão estar se aproximando e que estão comprometidos com o serviço à humanidade nesta época.

Comecei a ver o meu trabalho mais claramente não só em relação ao Grupo interno, mas também em relação ao grupo que vivia no pequeno Centro nas montanhas, em união e sintonia maravilhosas. Essa constatação me ajudou a aceitar, também, a profunda purificação que me estava sendo requerida, até que eu pudesse permanecer centrada e aberta à totalidade das energias positivas, vindas através da Linha de Luz, preparando minha alma, corpo, mente e coração para um serviço leal e amoroso.

Agora começava a compreender algumas das coisas que haviam mudado em minha vida. Durante os anos nos quais *A* trabalhava no Templo da Totalidade, Martreb estava profundamente envolvido em ajudá-la, mas, depois do período de transferência de almas, seu trabalho foi feito, durante vários anos, mais integralmente com o Grupo. Apenas durante o tempo de meu despertar para o compromisso e preparação necessários ao trabalho que devo fazer, sua ajuda foi carinhosamente dada.

Na manhã seguinte a essa lição tão reveladora, quando cheguei à quietude, Martreb me chamou: "Venha para a Luz Azul, você terá uma experiência fora do comum". Isto prendeu minha atenção e, para alcançá-lo, fui capaz de elevar-me imediatamente até a luz. Ele continuou: "Tenho estado trabalhando com a alma *A* que voltou de um grande período de repouso". Eu sabia que isso estava relacionado com Vênus, o que explicava meu com-

149

pulsivo interesse por esse planeta nesses anos passados. Martreb continuou: "Ela veio recentemente para o Grupo e tem-lhe sido dispensado cuidado especial. Durante estes anos você transmutou muito carma para esse corpo subconsciente, o que tem sido uma grande ajuda em seu progresso. Seu amor e gratidão por essa clarificação são preciosos".

E, então, ele acrescentou: "Venha". Assim, senti-me livre do peso que estivera mantendo minha consciência presa à Terra. Movemo-nos facilmente através da Capela do Jacarandá Mimoso e, ao entrarmos na poderosa corrente de Luz Azul, elevamo-nos para o âmago do Grupo. Aí, à minha frente, estava uma alma radiosa, de aparência jovem. Era como encontrar uma irmã, e soube que, da sua irradiação, receberia o apoio que precisava para meu trabalho contínuo no plano da Terra. O tempo para essa ajuda extra era perfeito, vindo ao encontro do meu compromisso de escrever e de me preparar para a tarefa de cura. Tornou-se então claro, também, por que a partir de um determinado ponto eu não estava mais tão profundamente fascinada por Vênus, sendo que, durante tanto tempo, fora subconscientemente atraída por sua luz e beleza.

A encantadora alma *A* partilhou um pouco de sua experiência e do importante lugar que Vênus ocupa em relação à Terra. Mais tarde sua mensagem foi confirmada pela informação que um amigo me deu de que os dois planetas são como irmãos, apenas Vênus é muito mais velho e muito mais poderoso. É um exemplo espiritual para as pessoas da Terra, tendo em vista o próximo círculo de evolução. A ligação entre os dois planetas é tão forte que qualquer mudança em Vênus se reflete na Terra, e os erros cometidos na Terra são sentidos em Vênus. Como um local intermediário no ciclo de nascimentos, o progresso humano está aberto à grande potencialidade, pois Vênus é o apoio físico e místico da luz na Terra.

Havia clara alegria e liberdade, na qual *A* abandonara os últimos vestígios de desejos presos à Terra e ligações com centros inferiores de consciência. O poder de seu amor era como um sol brilhando dentro dessa alma encantadora. Ela exprimiu gratidão pelo meu trabalho na Terra ao limpar o carma que ela havia deixado com este corpo e eu lhe agradeci pelo veículo que ela preparara para o trabalho de cura do Grupo.

Quando deixei o Grupo naquela manhã, Martreb veio comigo até a Capela do Jacarandá Mimoso e senti que devia haver alguma razão para isso. Então ele avisou: "Lembre-se de que todos nós somos exemplos para *A*, pois ela agora está de volta ao Grupo, preparando-se para novo trabalho. Pare e sintonize-se antes de falar; reconheça a força de interligação e a influência de um pensamento criado".

Essa observação me pegou como um choque, levando-me a uma nova compreensão de meu papel. Tive consciência de que muitos estavam olhando para mim precisando de ajuda, atentos às minhas palavras e pensamentos expressos, assim como aos meus atos. Com grande freqüência estas palavras foram faladas e escritas, mas agora elas assumem um novo desafio para mim, aumentando minha percepção. Achei isso de uma incrível ajuda, tanto em minha tarefa com o Grupo como em minha vida do dia-a-dia.

Nessa experiência com o Grupo, trabalhando com meu coração, mente e corpo, fora-me garantido que os primeiros estágios para atrair minha atenção eram necessários ao desenvolvimento de minha boa vontade em cooperar com as almas no Grupo e abrir um canal claro para a sabedoria desse Majestoso Mestre Interno. À medida que aprendi a me tornar responsável por estas áreas do serviço de cura, no qual meu corpo era essencialmente um transformador de força no plano terrestre, foi-me mostrado que uma maior disciplina interior seria exigida da personalidade e do Eu Básico.

Nos dias que se seguiram, cada lição me levava a dar um passo à frente na cooperação e preparação necessárias. Isso trouxe uma nova libertação interna, que me permitiu elevar-me em consciência, para estar dentro da aura de minha alma como um catalisador efetivo e junto ao Grupo.

## Capítulo 16

## ALÉM DOS SONHOS

Na tranqüilidade da manhã, ali estava diante de mim o impacto de tudo aquilo que estava acontecendo, o desafio da aceitação do meu papel com o Grupo, que exigia tanta disciplina interior e iria afetar tantas pessoas, e também a promessa simbolizada pelo magnífico Pináculo de Luz. Finalmente abriu-se uma área de serenidade na qual senti o apoio de meu Eu Básico, que, aspirando o ar profundamente, chamou minha atenção para a radiância do Elohim. Segui o brilho até a Capela do Jacarandá Mimoso, onde, na encantadora luz de minha alma, fiquei diante do pequeno altar de flores. Em silêncio, senti que acontecia um incrível esclarecimento ou purificação. Logo descobri Martreb ao meu lado, e, quando ele percebeu que eu estava pronta, entramos na poderosa corrente de energia, elevando-nos até um lugar próximo ao cimo da Grande Espiral de Luz, onde o Grupo estava reunido. Havia uma bela irradiação que aumentou quando apareceu o Mestre Majestoso. Deu-se uma mudança nas vibrações ao nos sentarmos em silêncio e senti que algo fora do comum estava para acontecer. Um raio de luz azul chamou minha atenção e voltei-me em direção ao Mestre Sábio, que se levantou e me fez sinal para que me sentasse em sua cadeira baixa.

Ele ficou em pé, atrás de mim, com suas mãos sobre minha cabeça. Uma magnífica corrente de energia de cura fluiu através de meu corpo de luz e vimos quando ela desceu até meu corpo físico. Depois de alguns minutos, senti um intenso calor e tive a impressão de que essa energia de cura se irradiava através de meu corpo para muitas pessoas. Silenciosamente veio uma nova percepção, na qual a atenção e preparação que estavam sendo dadas foram vistas sob uma nova luz. Da mente mais elevada de nosso Grande Mestre algo estava sendo revelado à minha consciência. Vi que a razão principal para que eu me aplicasse nesse trabalho com o Grupo, com profunda motivação e aceitação interna, era sua importância para o Mestre. Tratava-se realmente de uma parte vital de sua contribuição à cura das pessoas na Terra. O poder de cura atravessando meu corpo continuou em perfeito silêncio.

Quando tive consciência de meu Eu Básico, como uma criancinha cutucando um canto de minha mente, saí facilmente da meditação, que descobri ter durado uma hora inteira. Algo especial e muito importante estava penetrando em meu relacionamento com o Grupo e com esse Mestre Sábio. Enquanto estava sentada pensando nisso, veio-me a imagem do Mestre colocando-me nessa cadeira, e me lembrei novamente do sonho em que ele me jogara na sela de seu grande cavalo branco, para me guiar numa aventura inteiramente nova.

A experiência da manhã voltou à minha mente diversas vezes durante o dia e ainda estava comigo quando entrei na hora de quietude no dia seguinte. Cheguei facilmente à Capela do Jacarandá Mimoso, onde Martreb veio ao meu encontro com uma mensagem: "Um acontecimento especial espera sua chegada". Enquanto nos movíamos em direção à torrente de poderosos raios de cura, olhei para cima e vi o brilho do Iluminado. Não era usual que ele viesse a essa área, de modo que algo importante iria ocorrer e senti que se relacionava com alguma responsabilidade subseqüente. O calor de seu grande amor me envolveu quando ele falou: "Existe agora a necessidade de aumentar o tempo diário de preparação para o trabalho com o Grupo. É melhor que você lhe dedique, de forma regular, uma hora em cada doze". O horário sugerido foi de 3h30min. às 4h30min., toda manhã e toda tarde.

Senti a presença do Grupo se reunindo à minha volta e percebi que era a sua tarefa, a sua vitalidade, assim como a minha própria, que eu estava comprometendo. Tentei ver o que isso iria significar no trabalho do dia, fato que trouxe um interessante elemento esclarecedor de minha alma: "Certamente você pode dar uma hora em cada doze, enquanto eu me dou por inteira a este trabalho. Só quando se puder confiar inteiramente em você, o melhor preparo poderá ser feito, tanto neste nível como através do corpo. O ritmo do Eu Básico, sob a guiança do Elohim, é claro; as emoções e nervos se acalmam, mas é no nível mental que se necessita de controle. Minhas atividades prendem sua atenção, mas dedicá-la a um ensinamento com o qual seus ouvidos não estão sintonizados exigirá paciência e fé. Se você puder permanecer conscientemente atenta dentro dos raios de cura, o sucesso estará garantido".

Senti o dom deste reconhecimento pela minha alma, e, através dela, o glorioso Espírito da Vida, com suas energias de luz e alegria que vinham me tranqüilizar. Então um raio de luz azul completou meu esclarecimento, fazendo-me saber que também o Mestre estava me encorajando. Depois de passar algum tempo considerando esse pedido, o Iluminado perguntou: "Você está pronta para essa nova hora totalmente doada, como estava no Templo, reconhecendo o impacto e a responsabilidade maior no plano superior de sua alma?"

153

Fiquei com a cabeça baixa por algum **tempo, conscientizando** tudo o que isso acarretaria; depois levantei a cabeça, **encarando** esse Ser Radiante, e disse: "SIM, estou pronta; sob quaisquer **circunstâncias** eu me entregarei a esta tarefa".

Pedi então por uma compreensão mais clara dessas sessões silenciosas e ele aconselhou: "Conserve essas duas horas especiais de cada dia completamente libertas de quaisquer outros envolvimentos. Solte tudo o que possa pressioná-la em termos de tempo, na tentativa de se encaixar em certos padrões, exceto durante essa hora especial. Qualquer outro período em que você entrar voluntariamente em meditação será benéfico, porém o que importa é o trabalho e não o apego de sua personalidade a ele".

Enquanto ele falava houve uma mudança e tive consciência de que essa Grande Presença à minha frente era uma Luz de imenso poder. Pela primeira vez fui absorvida para dentro do corpo sutil do Iluminado, num gesto reconfortante, como uma criancinha nos braços de um pai carinhoso. Tive uma sensação de completa integridade e houve um conhecimento interno de que este amor mais elevado é o meio de sintonizar com as energias ilimitadas do universo. Permaneci nessa força vibrante até que meu corpo etérico ficasse sintonizado com as energias de cura. Ao sair dessa hora de quietude, senti a leveza e a alegria dessa irradiação durante todo o dia.

Naquela tarde, no primeiro dia de quietude vespertina, elevei-me facilmente em consciência para a grande espiral de Luz Azul, onde Martreb esperava para partilhar muitas coisas comigo. Ele começou com instruções simples: "Esta tarefa se tornará mais real para você nas próximas semanas, dependendo de quanto você for capaz de ficar conosco nesta hora especial. Neste momento é importante segurar a pena, quer alguma coisa seja escrita ou não, pois o Eu Básico sente o estado de atenção que isso dá, e pode cooperar completamente com esta tarefa. Isso também mantém uma poderosa linha de energia que está relacionada com o trabalho do Elohim através da ligação etérica.

"Agora vem um ponto essencial: você deve superar sua atribuição, para ser capaz de vê-la em perspectiva. Estar mais consciente e preparada para o que quer que venha, firme no silêncio ou na ação. Existem duas energias mantenedoras para você agora: a força que vem através de sua mão mantém sua mente enfocada, ao passo que a que vem através de seu corpo a mantém relaxada, embora alerta. O instrumento que mantém você sintonizada é o coração. Você o ouve, quando, no silêncio, sente o pulsar nos dedos que seguram a caneta. O coração está sintonizado com os raios de cura que vêm através do Grupo, que a ligam com uma energia que lhe é totalmente nova, e está sintonizada com o que você chama de Espírito da Vida, vindo através de uma majestosa luz superior.

"Sinta a alegria desta tarefa, e reconheça que, quando você está no reino da Luz Azul, encontra-se dentro da consciência do corpo sutil de sua alma, acompanhada por um ou mais elementos do Grupo. Ao responder a esta ação, não se oponha nem antecipe o seu poder.

"Nazaré é o lugar perfeito para tudo o que está se desenvolvendo, pois é uma prova da realidade da presença espiritual, com seu viver equilibrado. É um lugar no qual as almas podem, sem temor, inspirar as pessoas em seu crescimento interno e numa 'prática da Presença' em suas vidas e trabalhos. É um belo lugar, com a paz e a graça de uma afinação silenciosa."

Enquanto ele falava, eu sentia uma cálida energia de cura ligando este nível superior com meu corpo. Martreb explicou: "Seu corpo está sendo fortalecido. Quando você estiver mais preparada, com o controle mental mais claro e o ritmo mais equilibrado, o influxo purificador de energia de cura pode ser aumentado". Ao terminar essa sessão, ele disse: "Você começará a experimentar mais amplamente o calor do amor de cura, a luz purificadora do perdão e a clareza da sabedoria através de sua mente consciente. Esta força fluindo através de você ajuda a clarear as limitações. O desafio é grande, pois, a menos que você seja totalmente positiva e clara, aqueles que procuram ajuda poderão perder a oportunidade que você traria às suas vidas. Eles sentem quem e o que você é refletido naquilo que você escreve e diz. Não pode haver compromisso ou engajamento parcial com o amor e o Espírito da Vida".

Tentarei exprimir com palavras a essência da experiência das poucas semanas seguintes. Foi uma preparação para cura em três fases:

– Despertar a mente consciente através deste livro.
– Partilhar diretamente com as pessoas numa elevação de consciência.
– Abrir-me para as energias superiores, fluindo, através do Grupo e de meu corpo, numa ação transformadora.

Quando cheguei para a meditação seguinte, Martreb continuou a lição: "Você está acordando gradualmente para quem você é, o que exige uma maturidade mais elevada. Você está protegida dentro da Luz Azul quando se une ao Grupo num plano mais elevado, enquanto se prepara para ancorar energias de cura num fluxo triangular. Isso traz liberdade interior, esclarece a mente e o corpo e reforça os nervos. A energia de ligação que você experimentará ao respirar traz uma consciência da luz espiritual em todas as células".

Senti alguma apreensão, e entendi o que as pessoas queriam dizer quando falavam: "Você está certa demais das coisas. Não posso acompanhá-la". Aqui estavam conceitos novos para mim e pedi uma explicação

155

mais clara, ouvindo-o atentamente continuar: "As almas deste Grupo escolheram trabalhar, em cooperação com muitos outros que estão também participando da cura da Terra e de seu povo, nestes anos especiais. É importante que compreenda em profundidade sua parte, tanto no plano da personalidade como no da alma, neste processo com o qual você está comprometida. Meu papel é ajudá-la a fazer disso uma experiência alegre e bem-sucedida, por causa das centenas de pessoas que estão abertas a este trabalho agora. O Triângulo de Força de Cura dependerá inteiramente de sua cooperação".

"Que é exatamente esse triângulo de poder de cura e meu envolvimento com eles?", perguntei. Ele começou a explicar: "Raios poderosos de cura são transformados dentro do Grupo, sob o conhecimento e guiança maiores do Mestre. Eles se irradiam para a Terra de duas maneiras: numa delas, uma corrente que passa através de seu corpo será transformada no centro cardíaco e se irradiará para todos. O outro fluxo de energia de cura irá diretamente para as almas das pessoas da Terra. Essas duas linhas de energia convergirão dentro do corpo etérico da humanidade e, nessa conexão, aqueles que estão com o coração e a mente abertos aos raios de cura sentirão um impulso atingindo-os através da mente consciente, trazendo à sua atenção o que estiver fora de equilíbrio em suas vidas. A pureza deste amor de cura fluindo através de seu coração dá uma total proteção durante todo o processo. Você estará aprendendo a compreender e a cooperar com a ação de cura, sendo passo a passo guiada, lenta, silenciosa e suavemente, até aquele Pináculo de Luz".

Na hora de quietude seguinte, encontrei-me experimentando uma ação de energias de cura guiadas. Minha respiração assumiu um padrão formal, trazendo uma profunda paz e a consciência de energias fluindo através de meu coração, com sua batida firme. Cada pausa que se seguia entre as respirações revelava-se como uma pedra preciosa dentro do cenário maior no fluxo energético. Isso trouxe à minha mente o poder dos raios dirigidos através da pedra de rubi que criam o *laser*. Os raios de cura vindos do Grupo através da pausa possuíam um poder de transformação que era inteiramente novo para mim e eu estava muito grata por ele estar completamente controlado a partir de um nível superior.

Com a expiração, tive consciência das energias de cura sendo abençoadas dentro da teia etérica e se expandindo, para irem ao encontro das necessidades. Veio-me o pensamento de que elas eram abençoadas pelo Cristo no etérico, como os pães e os peixes na Bíblia. A energia que vinha na pausa era aumentada em poder. O ritmo tranquilo continuou e gradualmente foi alcançado e seguido pelo meu Eu Básico, como se fosse uma respiração normal. Senti que, no nível subconsciente, o Elohim estava fazendo a ligação com os elementais de outros, abrindo o caminho para uma sintonização mais fácil com o poder do Espírito, que flui através do universo para todas as partes de si mesmo, e através do corpo de cada pessoa, esperando para ser reconhecido e posto em ação em suas experiências de vida.

Comecei a ver que no intervalo ou pausa entre as respirações há algo especial, um mistério que ainda não descobri, um ponto de transição que minha mente não pode seguir. Nesse momento, um residente do Centro me deu uma citação de Paul Brunton, em seu livro *O Corpo*:

> "Durante o intervalo entre a expiração e a inspiração seguinte, está a força de vida universal que então flui para dentro do homem, porque ele então é passivo, ao passo que ao inalar ele é ativo. Ora, esta força de vida universal, quando se expressa a si própria no homem, age como uma ligação com o espírito universal e exige existência física. Em outras palavras, quando o ar é expelido e preso por curto tempo antes que seja de novo inalado, existe uma ponte para a consciência superior do homem. A ponte está aí e ele deveria aproveitá-la, embora usualmente não o faça. Se, durante esses poucos momentos de pausa, ele voltasse sua mente em meditação para seu verdadeiro ser, o encontraria mais facilmente que em outros momentos, e, se ele fizesse a mesma coisa depois de ter tido um *flash* inesperado, poderia sustentar o estado de elevação por um período mais longo." (Veja a nota 9 na seção de referências no que diz respeito ao cuidado que se deve ter com isso.)

Na quietude seguinte tentei me relacionar com o padrão de cura, mas descobri que não era capaz de manter o ritmo, e pedi ajuda. Quando entrei na Capela do Jacarandá Mimoso, que era como uma pedra preciosa de luz azul-violeta, achei mais fácil me concentrar. Martreb veio se reunir a mim no silêncio, e, depois de algum tempo, falou: "Permaneça livre de envolvimentos em qualquer padrão. Não tente acompanhar os raios de cura com sua mente, pois isso limitaria grandemente o fluxo de energia; ocasionaria que fossem irregulares e filtrados pelas ilusões da personalidade. Apenas tome conhecimento e confie, que o trabalho da alma será perfeitamente realizado. Permita que o fluxo de energia seja suavemente controlado em seu corpo, tão fácil e simples quanto o respirar, que continua quer você esteja atenta ou não. Seja uma prova viva da verdadeira cura, com carinho amoroso, alegria e fé.

"Durante esse período, você sentirá um sinal interno quando certas coisas a atingirem através de sua mente; isso virá no silêncio, em momentos de tranqüilidade durante o dia, ou até mesmo quando você estiver conversando com alguém, desde que liberte momentaneamente sua mente para ouvir, abrindo o caminho para que uma voz superior fale através de você, sintonizada com as almas das pessoas envolvidas. Com o que vier através de outros você também aprenderá muito. A maior ajuda que você pode dar ao Grupo é manter-se clara e radiante de pensamento e saúde. Quanto maior for sua atenção na luz do Espírito, tanto mais rapidamente a luz poderá fazer seu trabalho, como raios de sol dissipando as névoas da madrugada."

No silêncio que se seguiu senti um momento maravilhoso de harmonia. Foi-me mostrado o amor de cura do Mestre Majestoso fundindo-se com a bela luz do Iluminado, e a dualidade que tinha estado me perturbando transcendeu-se. Alto e eterno na abóbada do Cosmos, além de meu alcance limitado, senti que o belo Espírito da Vida era o Iluminado, sempre expandindo minha consciência numa liberdade que fez manifestar luz, alegria e amor de cura. Neste ponto soube que alguma mensagem ou impulso estava tentando passar através de mim. Enquanto repousava no silêncio, senti a estranha resistência que tivera para escrever sendo transmutada num impulso compelidor. Vi que a teimosia personalidadezinha que quisera se esconder de tudo isso finalmente aceitara as estranhas horas e a ligação com as energias de cura no Grupo.

Freqüentemente, durante esse período de preparação, havia outra maneira através da qual as energias do Grupo entravam em ação com ajuda especial. Cada uma das manhãs em que era atraída para a escrivaninha na Capela do Jacarandá Mimoso, sabendo que fora designada especialmente para me ajudar a escrever, recebia orientação de Martreb e outros do Grupo, em especial de A. No plano da Terra, uma ação semelhante aconteceu nessa ocasião, pois me foi dada de presente uma nova máquina de escrever elétrica, com um toque de pluma e um computador acoplado, tornando o trabalho uma experiência deliciosa. Isso trouxe clareza à minha mente e uma liberdade encantadora ao meu coração.

Uma tarde, em quietude, na pausa que se segue à inspiração, fui capaz de elevar minha atenção diretamente para o Grupo, e tive consciência de que a breve pausa era como um ponto crítico num ritmo, no qual eu podia sintonizar-me com um plano superior de consciência – ou apenas continuar na percepção mental e física. Na lição desse dia o Mestre apareceu e, em sua presença, todos os níveis de minha consciência eram mantidos numa esfera de conhecimento cheia de luz e amor. Era uma bela experiência. Até mesmo no plano subconsciente meu Eu básico respondeu com uma tomada de fôlego repentina, incluída naquela totalidade como sinal de aceitação. O Mestre disse: "Nestes momentos o poder interior sustenta e dentro dele a ligação se torna mais forte. Este é um ponto crucial, trazendo uma abertura mais clara para o amor superior, a abundância e a luz do Espírito".

À minha volta muitos haviam se agrupado para reconhecer esse momento de liberdade e beleza, enquanto uma paz poderosa enchia meu corpo. Tudo era silêncio. Senti, então, uma presença próxima de mim, a Luz Azul se tornou mais intensa, e experimentei uma mudança de vibrações. Descobri o Mestre Majestoso ao meu lado. Ele perguntou: "Você está pronta para receber treinamento mais intensivo para este trabalho com o Grupo, enquanto as energias de cura são transformadas, abençoadas e doadas com amor abnegado?"

Eu disse: "Tentarei".

Com sua sabedoria ele respondeu: "Esta não é uma resposta".

Compreendi o que ele queria dizer e então disse: "SIM. ACEITAREI ISTO. Por favor, ajude-me".

Dentro do grande amor do Grupo, meu corpo se tornou aquecido, enquanto as energias de cura aumentavam. Tinha consciência de que minha respiração estava regular e profunda, minha mente estava clara e numa nova liberdade. Apenas quando pude experimentar essa força compreendi sua realidade. Tentar falar ou ler sobre ela é ficar como uma biruta num aeroporto, apenas mostrando a direção de onde os ventos de cura estão vindo. Depois de algum tempo experimentei uma estranha dicotomia. Estava consciente tanto da ação da alma como dos níveis físicos. Meu coração estava transformando o poder de cura enviado em amor de cura, e eu trabalhava com o Grupo a partir de um nível superior. Assim, vi alguns dos raios de cura dos diferentes níveis se cruzarem uns com os outros, sendo que nos pontos de conexão havia uma poderosa energia purificadora. Nosso Mestre Majestoso disse: "É por isso que é essencial ter seu trabalho no plano da Terra." O fluxo de energias de cura se tornou mais suave antes que a sessão acabasse.

Na manhã seguinte, quando entrei no Grupo, Martreb dava uma lição regular: "Que fique bem claro que todas as pessoas, desde o menos desenvolvido até o mais elevado, são de um reino, um grande corpo de humanidade, uma lâmpada viva através da qual a Realidade e a Luz do Espírito brilham. Os mais elevados e mais comprometidos têm o privilégio e a tarefa de ajudar aqueles que estão prontos para acordar e aprender a iluminar a estrutura de sua própria 'Lâmpada', através da qual a Luz do Espírito possa brilhar mais. Nenhum professor, mestre, sacerdote ou ser altamente evoluído é a Realidade ou Luz para o outro, mas todos podem ajudar as pessoas, por seu exemplo, a conhecer a beleza, graça e realidade do Espírito, que flui através de cada átomo do corpo. A tarefa é aprender a usar essa força atômica interna sabiamente e com grande amor pela humanidade. Foram-nos mostrados os terríveis resultados do mal uso do poder atômico tanto no desequilíbrio e doenças do corpo físico como no mundo exterior.

"Este é um tempo no qual muitas pessoas estão procurando ajuda para se tornarem livres das ilusões da mente humana e padrões limitantes; livres para permitir que a luz do Espírito venha ao encontro de todas as necessidades mutáveis. Todos devem, eventualmente, se elevar, criando uma poderosa luz positiva que dispersará a escuridão da mente humana. Quando a alma tem a cooperação da mente consciente e caminha em harmonia com a parte mais elevada de seu ser, aparece um guia ou instrutor para ajudá-la no desenvolvimento de sua consciência. A luz e o amor que se irradiam através do Instrutor ou Mestre trazem a sabedoria para guiar, inspirar e desafiar as almas em seu trabalho de encontrar as necessidades maiores do conjunto da humanidade.

"Existe o perigo de que a mente consciente se torne deslumbrada pela luz e acredite que o Mestre seja a Luz que brilha tão claramente e com tanta beleza através desta parte mais intrincada e delicada da Lâmpada da Vida."

No silêncio que se seguiu pensei no Mestre Majestoso, quando o sonho do meu belo cavalo branco perpassou por minha mente, e, desta vez, compreendi-o de modo muito diferente. Vi que o Grupo viera para me libertar de minhas limitações passadas, deixando-me ainda com a coragem e a força de que necessitaria. Soube que nosso Mestre Majestoso era o "Comandante" que me colocara num lugar de honra e me guiava para uma aventura inteiramente nova. Meu coração estava cheio de alegria e vi mais claramente esta maravilhosa ligação com o Comandante, e agora estava inteiramente preparada para seguir para onde ele me guiava.

Enquanto ficava sentada em silêncio com Martreb, um pensamento antes avassalador apareceu, e perguntei-lhe: "Quanto desta experiência pode ser revelado? O que de tudo isso deveria ser escrito?" Sua resposta me surpreendeu, pois haviam-me dito que não falasse sobre isso até que chegasse o tempo certo. Ele disse: "Isso pode parecer a muita gente uma fantasia de Jules Verne, mas não faz muito tempo que se inventou o submarino e as 'Vinte Mil Léguas Submarinas' se tornaram uma realidade. Nos próximos anos a supraconsciência ou a presença de Cristo nos corpos etéricos de milhões de pessoas estará atuando através da mente consciente de inúmeras maneiras. Aquilo que você está experimentando não será tão estranho para muitas pessoas, como você está tentada a pensar. É importante explicar a essência disso de tal maneira que nos anos que se seguirão possa ser compreendido por muitos, de acordo com seu grau de abertura para mudar. Seja clara no trabalho persistente e positivo exigido para reprogramar suas vidas, para esclarecer a consciência e permitir que as energias que fluem através deles transformem a escuridão, as limitações, os medos e frustrações, na preparação para a próxima era. Nela, cada um virá no momento certo para o melhor uso de seus talentos, para que as lições sejam aprendidas e para a experiência do serviço amoroso que estão sendo preparados a prestar.

"Veja a personalidade como a flor, entregando-se gradualmente, de modo que a alma possa se tornar o fruto e permitir que a semente do Espírito nela se desenvolva, levando o belo padrão, a essência e energia para novo crescimento em outro plano de vida. Deixe que a Ligação com as Energias Superiores seja como o catálogo de sementes partilhando a beleza da flor e do fruto, quando a semente do Espírito for plantada em cada nova vida.

"Chegou a hora de abrir a mente e o coração para permitir que a experiência se desenvolva. Este não é um tempo para ser tímido ou limitado pelo passado, ou por qualquer ilusão de que aquilo que você agora pensa ser real se aproxime da experiência que se está abrindo diante da humanidade nestes próximos anos. O Grupo está pronto para trabalhar através de você e alcançar a consciência das pessoas."

Enquanto ponderava sobre isso, percebi as rápidas mudanças que ocorrem a cada ano e que revolucionarão o mundo em que vivemos. Vi uma relação superior e sincrônica entre aquilo que transpira através das experiências científicas no planeta hoje, tais como as novas energias que entram na atmosfera da Terra, a supercondutividade da eletricidade e a fusão nuclear, em vez da perigosa fissão nuclear, e o que está acontecendo em nossas consciências à medida que liberamos velhos conceitos, apegos e ilusões e nos abrimos mais amplamente para as energias transformadoras do amor, alegria e nossas capacidades intuitivas, através de uma abordagem mais positiva da vida.

Uma das ajudas especiais que se desenvolvia durante esse período era o maravilhoso apoio da bela alma A. Uma manhã, enquanto esperava em atitude vigilante pela energia que me conduziria ao nível superior de minha consciência, senti a presença radiante de A, que me dava segurança. Chegando à câmara de Luz Azul, encontrei A sossegadamente só e senti o harmonioso apoio que nos dávamos mutuamente. Ela, mais do que qualquer outro do Grupo, com exceção de Martreb, conhecia as limitações de meu corpo, coração e mente terrenos. Sua clareza era um espelho para mim, enquanto partilhávamos o poder interno de amor e sabedoria ao ir ao encontro das necessidades do momento de meu corpo, de forma a se tornar um canal mais forte para o fluxo de energia de cura e despertar da consciência. Isso também me ajudou a compreender seu papel, neste momento, que era integralmente dedicado a canalizar a energia de cura para todo o meu Ser.

Quando ponderava sobre meu próprio papel, nosso Majestoso Instrutor apareceu e, através de cenas silenciosas, nos mostrou a importância do serviço que estávamos sendo preparadas para prestar. Vimos belas cores nas auras daqueles que estavam sintonizados com o fluir das energias superiores e ele permitiu que víssemos que as pessoas estavam ativas, aprendendo e trabalhando no nível da alma, embora não estivessem conscientes disso. Ele nos mostrou o enorme poder dentro de cada átomo de seus corpos manifestados, como uma centelha do Espírito da Vida ligandoos com a abundância ilimitada dentro do grande reservatório universal de energia superior, esperando para ser reconhecida e usada.

Havia uma pergunta que tinha estado em minha mente enquanto tentava compreender qual a melhor maneira de focalizar minha atenção durante as sessões silenciosas de cura. Ele respondeu à minha pergunta ao dizer: "Quando sua atenção estiver elevada e inteiramente entregue dentro de alguma ação do Grupo, a força que fluirá através do centro cardíaco será ininterrupta e guiada a partir do nível da alma".

Fiquei consciente, então, das diversas maneiras que haviam sido usadas para prender minha atenção. Uma das mais interessantes para mim foi uma série de horas de quietude, cada uma das quais fora passada com um membro diferente do Grupo. Cada um se oferecera para focalizar energias de cura para uma secção especial da Terra. Enquanto estava ali com eles, vi as energias irradiando-se para as almas e conectando-se com os raios de cura que fluíam através de meu coração, causando uma fusão de cura nos corpos etéricos das pessoas, de um modo muito mais efetivo do que se fosse apenas um único raio dirigido. Nessa experiência o significado e propósito desse trabalho com o Grupo se tornou mais claro e real.

O Mestre permanecera silenciosamente conosco e explicou de novo que essa conexão era tão real quanto o acender de uma luz num quarto escuro. Uma pessoa que esteja sintonizada com o nível superior de consciência poderá perceber o impulso que revela a causa de um desequilíbrio, ou desarmonia, dentro do etérico e já refletido no físico, podendo, desta forma, clarear o uso negativo da energia que estaria causando o desequilíbrio. Isso é ajudado pela silenciosa comunhão com a alma, através da qual a energia de cura está sempre fluindo.

Quando o Mestre nos deixou, minha mente voltou-se para a experiência com as diferentes almas do Grupo. Quando havia passado uma hora com cada uma, sintonizando a partir do nível superior com as almas em cada área, descobri que havia uma nona, cuja concentração integral estava num único país oriental, que me parecia ser o Japão (e imaginei se isso teria que ver com a tragédia do mau uso do poder atômico no passado), onde a ajuda era necessária para clarear o efeito devastador no etérico ou o carma planetário causado por essa devastação. Esta impressão permaneceu comigo durante alguns dias, mas, quando estive de novo com o nono membro, numa hora de quietude, foi-me mostrado que o país no qual a atenção espe-

162

cial e raios de cura haviam sido focalizados era a China, que mantinha dentro de suas fronteiras um terço da população da Terra.

Em seguida a isso, minha atenção se focalizou na China, através de toda uma série de cartas, artigos, livros e acontecimentos. Foi-me revelado um quadro espantoso, mostrando por que tantos milhões de almas estavam ansiosas por encarnar nesse grande país. Senti um Espírito especialmente esclarecido refletido nos valores e simplicidade de vida, sem tanto das superestruturas e desigualdades, tendo também muito menos pressões, crimes, drogas e doenças que prevalecem em muitos países.

Uma manhã, o Mestre disse: "A paz se torna forte nas mentes, corações e corpos etéricos de milhões de pessoas em todas as partes do mundo. Ao responderem ao poder e à abundância do Espírito, este trará uma força de cura radiante para suas vidas, abrindo a Ligação com as Energias Superiores".

Sei que em nossos corações e em nossas vidas, dia a dia, uma nova luz amanhece com o poder da paz, que beneficia todas as pessoas. Como o poder do Sol, ele bane a escuridão, juntamente com a cobiça, o medo, o crime e as guerras, nas quais todos são perdedores; até mesmo aqueles que parecem auferir proveitos financeiros e materiais o fazem às custas de prejudicar a oportunidade de progresso de suas almas, enquanto criam carma que pode levar muito tempo para se apagar de seus Livros da Vida.

Durante esse tempo muitas das horas de quietude eram entregues a um pacífico abandono, com minha mente em repouso, grata pela oportunidade de ser de ajuda neste trabalho com o Grupo. Quando não conseguia me concentrar, vinha o chamado para reinos mais elevados, para libertar minha mente com uma lição ou uma experiência com o Grupo. Gradualmente, movia-me para um silêncio mais profundo nas horas de meditação. Freqüentemente encontrava Martreb ou A ajudando-me a me elevar para áreas mais sossegadas da Luz Azul de cura, liberando o caminho para que as energias fluíssem mais fácil e completamente.

Uma manhã, justamente quando a sessão de cura estava terminando, o Mestre apareceu e me orientou para uma pergunta simples: "Peça a "H" para explicar o mistério de Gólgota". Na tarde daquele mesmo dia, em nossa palestra usual, contei a ele acerca desse pedido e perguntei se sabia o sentido do mistério do Gólgota.

Ele desenhou estas três cruzes e explicou o sentido de cada uma:

| A Cruz Variável e Mutável | A Cruz Fixa | A Cruz Cardinal |
|---|---|---|
| Nível físico; o ciclo de renascimento na forma | A crise de reorientação | Transfiguração |
| Vida da personalidade | Vida da alma | Vida da mônada |
| Individual | Planetária | Cósmica |

Quando ele apontou minha atual situação dentro dessas cruzes, isso me deu um quadro mais claro de meu trabalho. Ele explicou que o corpo físico está na cruz mutável, minha alma e o Grupo estão na cruz fixa e o Mestre está na cruz cardinal. Enquanto ele me ajudava a compreender o sentido dessas três cruzes, compreendi que todos nós passaremos através desses estágios enquanto progredimos. Também compreendi a mensagem do Mestre, quando disse que o ensinamento seria dado a partir de níveis diferentes, e vi como essas lições estavam interligadas.

Na hora de quietude que se seguiu à nossa conversa, elevei-me com facilidade até a consciência das energias renovadoras da Luz Azul de cura. Martreb veio ao meu encontro e descansamos em silêncio tão tranqüilo que, pela primeira vez, não tive consciência da ação de cura do Grupo ou das energias de transformação em meu coração. Percebi a presença do Mestre, sentindo sua irradiação sustentando e fortalecendo minha experiência. Então, em outro desses momentos de confirmação, ele disse: "Você tem um colar mexicano de desenho particular e antigo, que Martreb e *A* descobriram há muitos anos. Use agora essa Cruz Yalala".

Quando a hora de quietude acabou, pensei nesse pedido. Havia dado a maioria de minhas jóias, mas lembrei-me dessa peça em especial que me fora inspirado conservar. Quando a tirei da caixinha onde permanecera durante tanto tempo, havia um pedacinho de papel, amarelado pelo tempo, e nele estava impresso apenas YALALA CROSS (A Cruz de Yalala); peguei-a e, para meu assombro, ali estavam, à minha frente, as três cruzes, e acima delas um coração com asas. Coloquei-o e, quando "H" o viu, exclamou surpreso: "A HISTÓRIA TODA ESTÁ AÍ".

A interligação no nível da alma veio poderosamente à realidade para mim, com tamanha clareza que pude compreender melhor meu laço com Martreb, *A* e o Grupo, assim como a bela sintonia com o Mestre. Senti que a Cruz Yalala era um símbolo da evolução pela qual todos nós teremos de passar, e muito claramente, acima de tudo, estava o glorioso Espírito da Vida, o coração com asas.

Para uma melhor compreensão do mistério de Gólgota, "H" foi inspirado a me trazer um livrinho, *The Four Sacrifices of Christ* (Os Quatro Sacrifícios do Cristo), de Rudolf Steiner. Enquanto lia esse livro, dei uma olhada para a Cruz Yalala que estava usando e vi, acima das três cruzes, uma quarta cruz mais importante. Esse livro me ajudou a apreciar os quatro sacrifícios desse belo Ser Espiritual, com Seu grande dom de cura, que tornou possível o fortalecimento e desenvolvimento de nossos corpos, como seres humanos em controle de nossas vidas, e o acordar para nossa realidade – para o espírito da Vida que "nós somos". Os primeiros três sacrifícios doados com

abnegado amor de cura pela humanidade protegeram nossos corpos, nossos corações e nossas mentes. Steiner escreveu:

> "Na Era Lemuriana os órgãos dos sentidos teriam sido desregulados através de Lúcifer; no primeiro período Atlantiano os órgãos vitais foram ameaçados pela desordem e desarmonia, e, na tardia Era Atlantiana, os órgãos da alma, os órgãos que estão subjacentes ao pensamento, sentimento e vontade. No período pós-Atlantiano o próprio ego humano correu perigo."[10]

Agora, nestes poucos anos deste século, quando o novo milênio chega rapidamente à vida, este grande impulso Espiritual, com o dom de cura, entrou nos nossos corpos etéricos ou áuricos, pressionando de dentro e atingindo nossas mentes de tal modo que nos tornamos mais abertos, inspirando-nos a dar-nos abnegadamente à cura de nosso planeta e de seu povo. Quando vamos contra esta rápida corrente de progresso espiritual na evolução humana, experimentamos dor, medo, doença e sofrimento. Mas quando nos movimentamos desinteressadamente com a grande corrente de energia do Espírito da Vida, ele traz abundância, clareza e esplêndidas oportunidades para alegre serviço e partilha de beleza e graça em nossas vidas.

Durante o tempo em que o escrever se processou com a ajuda dada na Capela do Jacarandá Mimoso, houve poucos pedidos de pessoas para falar comigo, mas no momento em que as páginas finais foram escritas, houve muitos, abrindo um belo período de partilha. Estava freqüentemente consciente de uma ação da alma, pelo modo como a ajuda chegava para as pessoas. Então lembrei-me de que Martreb havia dito que também isso era uma parte do trabalho do Grupo na elevação prática da consciência, que é um elemento muito importante de cura.

Nessa época, as sessões práticas na quietude matutina, com energias de cura atravessando meu centro do coração, abriam o caminho para uma maior concentração de energia, numa cooperação cada vez maior com o trabalho do Grupo. As lições mais elevadas também se tornaram mais exigentes e desafiadoras. Estava me adaptando mais facilmente à nova aventura, com o fluxo de energias sendo transmitido para a tela etérica do planeta.

Uma manhã, quando cheguei à Capela do Jacarandá Mimoso, senti as energias, assim como a atenção do Grupo. Quando entrei na poderosa corrente da Luz Azul e comecei conscientemente a me elevar, uma a uma, as diferentes almas do Grupo se reuniram a mim, até que, quando atingimos o topo, estávamos todos juntos, num estado de expectativa. Martreb me encontrou ali e me guiou até onde estava o Mestre. Também essa manhã ele fez sinal para que me sentasse em sua cadeira, e então, ficando de pé à minha frente, disse: "Sempre, enquanto você esteve diante de mim, eu lhe fiz perguntas. Esta manhã fico à sua frente e espero pela sua".

Tomada de surpresa eu disse: "Tenho uma tremenda gratidão por tudo o que você me deu. Minha única pergunta é: 'Quando serei capaz de subir mais alto naquele glorioso Pináculo de Luz?' "

Ele se inclinou com seu modo majestoso e eu olhava dentro dos olhos do Comandante quando ele me ofereceu seu braço e disse: "VENHA".

# AO SER ILUMINADO

## (Minha Realidade Maior)

VOCÊ foi o primeiro a mostrar-me a sua bela luz, a fazer-me atravessar o fogo da classificação cármica e a prosseguir comigo nesses anos de amorosa instrução.

VOCÊ me ajudou a compreender a casa de consciência onde vivo, conduzindo-me na percepção de cada andar, à medida que ficava pronta para aceitar novos desafios: o porão, tão vital na manutenção da casa, no cuidado com o subconsciente, que é profundamente afetado pelo nível consciente; este andar térreo onde vivo como personalidade; o andar de cima, a parte superior de meu Ser, que me foi mostrado naquela primeira visão quando, momentaneamente, fui elevada até aquele nível.

Em seguida, VOCÊ me conduziu para uma área ainda mais elevada da casa, de onde me mostrou uma parte magnificente do meu Ser, algo remoto e em gloriosa luz, que VOCÊ chamou de Mônada, conectando-me com a energia espiritual da vida.

Depois, descobri que a minha casa era como uma máscara, por trás da qual Minha Realidade vive, e aprendi a encontrar o caminho que leva ao grande conhecimento e às ilimitadas energias do Universo, enquanto busco o retorno à Divina Fonte de onde todos procedemos.

Agora, com bondoso amor, VOCÊ me conduziu a um outro Grande Instrutor e ao grupo de almas de que sou parte, os quais são contatados dentro de minha própria consciência, na luz radiante e azul do Segundo Raio.

VOCÊ tem sido meu companheiro na Ligação com as Energias Superiores, partilhando a sua sabedoria e conhecimento, em cooperação com o Grupo e o Mestre Majestoso da Luz Azul. Esta extraordinária experiência me é dada agora, nesta encarnação, porque os dois aspectos superiores do meu Ser estão sob a influência do Segundo Raio de Amor-Sabedoria.

Afortunadamente, me foi dada uma personalidade de Primeiro Raio, com a vontade e a energia necessárias para prosseguir, às vezes, implacavelmente, neste trabalho a ser feito em cooperação com VOCÊ.

# REFERÊNCIAS

Enquanto passava por um período de transição, descrito na Parte II deste livro, tive necessidade de confirmar minhas lições interiores e também o que acontecia em minha vida. Diversos livros me ajudaram durante esse tempo e partilho aqui aqueles que particularmente me encorajaram com confirmações e exemplos práticos. Eles me ajudaram a reconhecer ou lembrar a importância dos momentos de desafio na vida, quando dei um novo passo em minha jornada interior.

Estes são alguns dos livros que, de modo desafiador e abrangente, servem a este momento de transição planetária, podendo ajudar a muitos, embora eu tenha aprendido que o livro certo para cada necessidade acaba sempre chegando até nós, freqüentemente de modo inesperado.

1. *Practical Spirituality* (Espiritualidade Prática) de John Price, The Quartus Foundation, P. O. Box 27230, Austin, Texas 78755, USA, p. 113.

Este livro acaba com muitas ilusões e abre para o poder da luz e alegria do Espírito dentro de nós.

2. *The Reappearance of Christ in the Etheric* (O Reaparecimento de Cristo no Etérico), de Rudolf Steiner, Anthroposophic Press, Bell's Pond Star Route, Hudson, New York 12534, USA, Introdução VII.

Este livro me trouxe a realidade do Iluminado em minha vida e o grande Espírito de Vida, que nos pressiona a todos interiormente, guiando-nos e protegendo-nos em nossa viagem de volta à Pátria eterna, de onde viemos.

A citação na introdução do livro acima foi tirada de *Four Mystery Dramas*, publicado pelo Steiner Book Centre, 151 Carisbrooke Crescent, North Vancouver, Canada V7N 2S2.

3. *Telepathy and the Etheric Vehicle* (Telepatia e o Veículo Etérico), de Alice Bailey, Lucis Publications, P. O. Box 722, Cooper Station, New York, NY 10276

Uma excelente descrição do corpo etérico e da energia que a tudo permeia. Este livro também aponta o próximo passo na evolução humana, o melhor uso de nossas capacidades no conhecimento intuitivo e a importância da comunicação clara.

4. *Practical Spirituality* (ver acima).

A importância da meditação e da oração, quando passamos da espiritualidade teórica para a espiritualidade prática em nossas vidas e trabalho, p. 13.

5. *The Starseed Transmissions* (As Transmissões Semente-Estrela), de Raphael, através de Ken Carey, Uni Sun, 8180 N. W., Kirkwood Drive Kansas City, M, 64151, USA, p. 65

Nesta citação, encontrei uma bela descrição da luz, do espírito de alegria e amor e do serviço amoroso no Centro de Nazaré, como uma Ilha do futuro num mar do passado.

6. *Terra Christa*, de Ken Carey (ver acima).

Este livro clarifica nossas vidas na Terra e nosso lugar no Cosmos.

7. *Telephaty and the Etheric Vehicle*, de Alice Bailey (ver acima), pp. 37-39.

8. *Vision* (Visão), de Ken Carey, Uni Sun 8180 N. W., Kirkwood Drive Kansas City, M 64151, USA, pp. 4 e 28.

Uma descrição clara e direta do passado, através do qual viemos, e do Novo Século e Milênio, com seu amor e força transformadora, no qual estamos entrando.

9. *The Body* (O Corpo), de Paul Brunton, Larson Publications, 4936 Route 414, Burdett, New York 13818, USA, p. 98.

Em minha experiência, o poder desta breve parada na respiração esteve ligado ao fluir das energias superiores através de meu corpo.

*Perspectives*, vol. I.

Este livro dá todo um caleidoscópio de respostas às perguntas da vida, sobre uma enorme variedade de assuntos, e de um modo claro e facilmente visível.

Na página 60, um importante aviso é dado em relação a exercícios de respiração e sua prática:

"O entusiasta ansioso de hoje mergulha no trabalho muito drasticamente. Ele tenta realizar todos os exercícios imediatamente, e é aí que o grande risco aparece. Nenhum principiante deveria tentar o exercício completo – este deveria se estender por um período de três meses... muito, muito lentamente, aumentando o desenvolvimento. Esta é uma precaução necessária."

"Ajudará a esvaziar a mente de seu tumulto e os nervos de sua agitação se ele expirar tão completamente quanto possível, inalando apenas quando começar a primeira sensação de desconforto. Ele deverá então descansar e respirar normalmente durante vários segundos. Em seguida, deverá inspirar tão profundamente quanto possível. O ar deve ser mantido nos pulmões até que seja desconfortável fazê-lo. Esta alternância completa um ciclo de respiração. Pode ser repetida várias vezes, se necessário, mas nunca por um período mais longo que dez minutos."

10. *The Four Sacrifices of Christ* (Os Quatro Sacrifícios de Cristo), de Rudolf Steiner (ver acima), Anthroposophic Press, Bell's Pond Star Route, Hudson, New York 12534, USA, p. 13.

Este livro me apresentou a resposta para um mistério relacionado com o Cristo eterno; uma resposta pela qual eu procurava desde a infância.

Eu acrescentaria três outros livros, que são de ajuda em como dar os passos práticos, dia a dia, na jornada interior:

*Handbook to Higher Consciousness* (Como atingir uma Consciência mais Elevada), de Ken Keyes, Living Love/Ken Keyes Center, 790 Comercial Avenue, Coos Bay, O R 97420, USA.

De grande ajuda são os Sete Centros de Consciência e os Doze Caminhos.

Dois livros de John Randolph Price:

*Superbeings* (Superseres): este livro dá uma excelente prova do mistério da vida que todos os Seres Despertos procuram. Na parte sobre as doze fases da vida, a realidade da sétima me surpreendeu: "Somos rapidamente colocados na tarefa que melhor se adapta aos nossos talentos e onde podemos expressar a maior realização".

*With Wings as Eagles* (Com Asas Semelhantes às das Águias): "... mover-nos-emos para um nível de consciência no qual nos tornamos conscientes... de que realmente existe uma presença dentro, uma Mente mais Elevada, uma força que é maior do que qualquer coisa no mundo exterior. Através desta conscientização, algo bem no fundo de nós é movimentado. É a antiga memória de nossa divindade... E, ainda que a princípio seja apenas uma pequena centelha, a lembrança leva a energia a circular em torno desta Idéia Divina, que, como num rodamoinho, atrai para si a energia da Verdade dos Reinos Superiores. Esta transformação é lenta e fraca a princípio, mas, quando continuamos com o uso correto da meditação, a percepção se torna mais clara em nossa mente consciente, levando a uma maior compreensão no nível subjetivo."

# EPÍLOGO

*Uma mensagem de nossas Irmãs Espirituais em Vênus*

Era madrugada, e naquele novo dia que começava, sentei-me para olhar o céu do amanhecer onde a luz de Vênus era tão brilhante que dominava toda a minha visão, ao mesmo tempo que enviava raios de luz em minha direção. Em silêncio, senti os belos espíritos daquele planeta, irmão mais velho do nosso, enviando-me saudações e boas-vindas. Senti, também, que o amor vindo dali expandia-se em meu coração e se irradiava para todo o Centro. À medida que a luz penetrava minha consciência, trazia uma clareza indicativa de que eu podia fazer uma pergunta: "Queridas Irmãs Espirituais, vocês que já percorreram um longo caminho em direção ao próximo ciclo evolutivo, poderiam partilhar algo de sua experiência comigo, ajudando-me a evitar abismos desnecessários no caminho e seguir adiante no uso total das energias superiores disponíveis a todos nós?"

Seguiu-se a seguinte mensagem, com uma clareza impressa nas seguintes palavras:

"O poder que afeta os impulsos nos corpos etérico, emocional e em cada célula do corpo físico; que guia e treina o subconsciente ou Eu Básico no seu progresso a cada momento; e que abre a ligação para as energias concentradas e criativas, é o poder do seu pensamento consciente. O verdadeiro trabalho agora é aprender a controlar sua mente pensante e a resposta instantânea e direta que esta cria no Eu Básico e em seu corpo, assumindo uma total responsabilidade em desenvolver uma atmosfera inteiramente positiva do uso da energia. Esse uso deveria ser tão claro e direto que as energias criativas se irradiando através dos níveis consciente e subconsciente do seu ser pudessem eventualmente tornar possível para o Eu Básico controlar a mente pensante, liberando-a conscientemente para trabalhar com a mente intuitiva e superior, abrindo novos níveis de percepção. Isso requer uma atenção total ao momento presente, sabendo que o melhor do passado e qualquer coisa que tenha valor, assim como a necessidade do momento, se apresentarão no tempo certo sem que o mental ou o emocional se dispersem ou se afastem do caminho mais direto para consegui-los. Quando você vive a sua vida no momento presente encontra grande ajuda nos impulsos espirituais que fluem através de você; a sua consciência se transforma num poder interior de clara orientação.

À minha atenção consciente apresentou-se uma lição que havia me impressionado no passado. Percebi a fluência de energias vivas e vibrantes, nas dádivas do amor, da esperança e da fé que fluem em cada momento presente. Vi como nós humanos, com a nossa falta de compreensão na tentativa de trazer essas qualidades da alma para os níveis da personalidade, destruímos o seu poder. Nesse mundo tridimensional, com o nosso sentido de separatividade, as pessoas amam alguém ou alguma coisa; elas esperam *por* algo e têm fé *em* alguma coisa que está fora delas mesmas, o que faz com que esses dons se projetem num futuro e tenham a sua energia bloqueada. Foi enfatizado que o poder dessas energias sagradas, irradiando-se através de nós, só podem ser contatadas no AGORA, no momento presente, o único tempo em nosso mundo onde a ação pode acontecer.

Em resposta à minha pergunta interior de como esses dons podem nos ajudar, a essência de cada um deles foi trazida à minha mente. O amor é uma energia unificadora na qual toda separatividade desaparece à medida que somos colocados em sintonia com o infinito. A esperança é como uma luz interior, uma percepção imediata de sermos ajudados por um nível superior. A fé é uma experiência interior que nos coloca em contato com a nossa realidade espiritual.

Enquanto agradecia a essas Abençoadas Irmãs Espirituais radiantes de luz, senti uma porta interior se abrindo para revelar as coisas que eu tinha tentado compreender. Nesses momentos de gratidão, algo que somente poderia ser sentido, pois estava além do que as palavras podem expressar, criava uma nova energia de cura nas profundezas de meu coração e as energias fluindo através de mim assumiram todo um novo significado.

*Leia também*

## UMA JORNADA INTERIOR

(From the Center)

*Sara Marriott*

*Algumas pessoas se mostram ansiosas por assumir riscos, desejosas de se tornarem pioneiras em áreas desconhecidas à nossa consciência. Outras mostram-se interessadas em assistir a aventuras, como pela televisão, permanecendo no conforto da rotina, que lhes torna a vida mais segura. Desde muito cedo em minha vida tenho sido uma pioneira que se aventurou a responder aos impulsos da essência da beleza e a seguir por um túnel longo e escuro, rumo à distante centelha de luz no centro de minha consciência.*

*Neste livro compartilho, com aqueles que se interessarem, uma pequena parte dessa aventura. Muitos têm caminhado comigo em espírito durante grande parte dessa experiência de meditação e alguns podem lembrar-se disso e sentir-se familiarizados com o seu próprio "Centro".*

*Do centro do meu Ser, do centro do Templo da Totalidade na minha meditação, do centro de Findhorn, onde no correr dos anos tanto se aprendeu, partilho essas centelhas da aventura interior.*

*Possam aqueles que lerem este livro sentir-se auxiliados na descoberta e no fortalecimento da amável e crescente percepção da vida na sua totalidade.*

Sara Marriott aprendeu a ouvir e a seguir aquela *"essência da beleza que freqüentemente se expressa sob formas desconhecidas de nossa mente ativa"*. Para ela, o resultado muitas vezes foi maravilhoso, outras vezes, assustador, mas sempre levou a uma profunda compreensão de seu objetivo e de seu sentido. Sua história é inspiradora e deve ser recebida como um testemunho do poder e da divindade que existe dentro de cada um de nós.

## EDITORA PENSAMENTO

**Editora Pensamento**
Rua Dr. Mário Vicente, 374
04270 São Paulo, SP

**Livraria Pensamento**
Rua Dr. Rodrigo Silva, 87
01501 São Paulo, SP
Fone 36-3722

**Gráfica Pensamento**
Rua Domingos Paiva, 60
03043 São Paulo, SP